神道と日本人

古事記と冠婚葬祭

鎌田東二
Toji Kamata

一条真也
Shinya Ichijyo

現代書林

まえがき　一条真也は歌う人であり、書く人である。

一条真也は歌う人であり、書く人である。どちらも圧倒的なエネルギーと質量を持っている。余人の追随を許さないほどのボリュームと速度で。すっとばす。かっとばす。ぶっとばす。すごい。すさまじい。すばらしい。すえおそろしい。

一条真也さんに初めてお会いしたのは、一九九〇年の一一月。以来、観世音菩薩の化身の数の「三三年」が経った。この間に、一条さんは、三三冊どころか、その三倍の一〇〇冊以上の本を出版した。そして、本書は一一五冊目となる。すごい！

なぜ、これほどの数の本を短時間で書けるのか？

単純に言うと、そのアウトプットを支えるだけのインプットをしているからである。

インプットとは、読むこと、見ること、考えること。つまり、読書と観賞と思考である。本を読み、映画を観、思索する。それを毎日欠かさない。

その姿は、まさしく本書の第五章でも触れた二宮尊徳の示した四徳「至誠・勤労・分度・推譲」の実践である。志を持ってまことを尽し（至誠）、心を込めてアクションをし（勤労）、自分自身の等身大のサイズを現状認識して在るべきサイズに修理固成し（分度）、いのちあるものみんなと分かち合ってシェアーし合いリレーし合う（推譲）。

一条真也が粉骨砕身して本を書き続けることは、このような四徳の実践でもある。これによって、彼が父から受け継いだ命題「礼経一致的天下布礼的世直し心直し」ができるのである。

彼にとって書くことは、私的行為ではない。常に公共的行為として行なう社会発信である。世阿弥が『風姿花伝』で能とは「天下の御祈祷」と何度も強調したことを敷衍して言えば、一条真也の書き物はすべて「天下の御布礼」の道しるべであり、道直しである。

それに対して、歌う一条真也は、書くことのパブリシティから解放されて、全身全霊で自己のパッションを解放し、介抱する。書くことが「ソーシャルケア（社会的世話）」だとすれば、歌うことは「セルフケア（自己介護）」である。それによって、徹底的に自己のパッションを浄化し、「コンパッション」に昇華する。

書くことが「ウェルビーイング」の道であるとすれば、歌うことは「コンパッション」の道である。その両道を両足で地道にかつ逞しく歩く。その姿は堂々たるものであるが、同時に切々たるものがある。公私混同ではなく、公私魂道を往来・往復しているのだ。

一条真也の歌う歌は、常に直球である。ストレートど真ん中に全速で入ってくる。混じりけがない。パッションの火の玉。そのような球が聴く者の耳に、心に、魂に届き、扉をこじ開け、さらに深奥に入ってゆく。そのさまは、まるで歌う「大魔神」のようでもあり、スサノヲのようでもある。魔と神が一つに融合して浄化され昇華されていくのだ。負の感情なしに浄化も昇華もないのである。

本書は、この夏（二〇二三年七月）の対談を元にこの秋に出版する予定であった。しかし、わたしがステージ4の大腸がんであることが発覚し、本年一月一一日に手術をして一カ月入院した後、まもなく抗がん剤治療に入ったので、いつ何時どうなるか分からないという予測がつかない事態となった。そこで、無理をお願いして、本年三月に対談を早めてもらった。その対談のために小倉に赴き、その流れで長崎まで足を進め、長崎市外目にある遠藤周作文学館を訪ねたことは忘れられない思い出となった。遠藤周作の大ファンであるわたしは、三月一〇日に遠藤周作記念館を訪ね、展示と石碑と外目の海を見、大空と大海に抱かれた「ラ・メール」という名のレストランでカツカレーを食べ、その後すぐに「大妣の文学者・遠藤周作に捧ぐ」という詩を書き、第七詩集『いのちの帰趨』（港の人、二〇二三年七月二一日刊）に収めたのだった。そこに、このように書いた。

遠藤の文学的故郷には「はは」がいて
その「はは」は

常世の国や根の国の大妣ともつながっていて
その「大妣」を『古事記』は「伊邪那美命」と呼んだのだった

本対談のテーマは、『古事記』と「冠婚葬祭」である。「冠婚葬祭」を広い意味での「まつり」ないし「儀礼」と捉え、『古事記』を神話と捉えると、神話とまつり・儀礼は生命力更新の車の両輪であり、世界浄化の二大方策である。

このような神話と儀礼観を共有しているわが義兄弟でもあり魂の同伴者でもある一条真也と、この春、小倉で行なった二日間にわたる対談が、この秋、このような稔りと収穫物となった。本書が読者の心田に届くことを心からねがっている。

遠海の　そのまた遠くの　根の国の
藤咲く常世に　周《めぐ》り作《な》す歌

鎌田東二

もくじ

第3章　現代社会と神道　73

第4章　神話と儀礼　97

第5章　注目すべき人々との出会い

第1章 神道とは何か

一条　鎌田先生、最初にお会いしたときのことを憶えておられますか。
鎌田　いつでしたかね。
一条　一九九〇年一一月。そのときに初めて鎌田先生にお会いしました。『魂をデザインする』という本での対談です。そのときのやりとりは本に収録されています。わたしたちの親交も、もう三三年になるわけです。
鎌田　その後、魂の義兄弟の契りを結びましたね。
一条　はい。今回の対談は、三分の一世紀を共に生きてきたわたしたちの「魂の義兄弟」の総決算となるように思えます。
鎌田　おお、〝魂の義兄弟の総決算〟ですか。何か面白くなりそうですね。
一条　早速ですが、対談は五部構成でいきませんか。
鎌田　どんな構成ですか。
一条　1「神道とは何か」、2「神道と冠婚葬祭」、3「現代社会と神道」、4「神話と儀礼」5「注目すべき人々との出会い」です。
鎌田　わたしたち二人はすぐに内容がイメージできますが、読者のためにもう少し説明してもらいましょうか。

一条　はい。構成についてはそれぞれにおいおい詳述するとして、最初の１「神道とは何か」では、「カミ」とは何か、日本人が畏れ敬ってきたものは何か、そして神道の起源などについて語り合えたらと思います。

鎌田　では、早速始めましょう。

三つの道

一条　神道は、日本人にとって、ごく身近に存在している宗教です。しかし、あらためて「神道とは何か」と問われると、よほど神道に近い人でも明確には答えにくいものではないですか。

鎌田　たしかにそうですね。正しく説明できる人は少ない。

一条　よく、日本固有の民族宗教であるとか、アニミズムであるとか、自然崇拝と祖先祖崇拝と天皇崇拝の三つの要素から成るものであるとか、そんな説明を聞きますね。

鎌田　もちろん、それらの説明も、けっして間違いではありません。しかし、神道の持つ広大で豊かな世界を前にしては、何とも物足りない感があります。

一条　ぜひ神主でもある鎌田先生に、すっきりとした説明をしていただければと思います。

鎌田　カミ（KAMI）と「道」の関係からお話ししましょう。一つは、「神からの道」、もう一つは「神への道」です。英語なら、〝The Way from KAMI〟と〝The Way to KAMI〟の二つの〝KAMI WAY〟です。

一条　「神からの道」とは、永遠の宇宙進化とも宇宙的創造行為ともつながる気がして、大いに納得したことを憶えています。

鎌田　神道ではそれを「ムスヒ（産霊）」のカミあるいは力ととらえ、そのムスヒの力の発現のプロセスの中に過去・現在・未来があると考えてきました。その意味では、「神からの道」とは、存在の流れであり、万物の歴史です。

永遠からの贈り物であり、存在世界における根源的な贈与なのです。それが神話や伝承として伝えられてきたのです。

それに対して、もう一つの「神への道」とは、その根源的な贈与に対して心から感謝し、畏敬し、返礼していく道です。それが祈りや祭りとなります。

「祈り」も「祭り」も共にそうした根源的な贈与に対して捧げられる返礼行為であり、感謝と願いです。

最近はこれに加えて、〝The Way with KAMI〟——「神との道」と言っています。

一条　ウィズコロナみたいですね（笑）

鎌田　たしかに。コロナも同じですね。「との」という考え方が重要です。

キリスト教との違い

一条　鎌田先生は、神道をキリスト教や仏教と比較して表現されていますね。

鎌田　宗教の原点や原型とは何か。これらは「救いの宗教」「悟りの宗教」として表現することは可能ですし、比較を行なうことで非常にわかりやすくなると思います。しばしば、キリスト教は「救いの宗教」、仏教は「悟りの宗教」と類型化されます。
　むろんキリスト教の中にもグノーシス主義や神秘主義などの「悟りの宗教」的な流れはあり、仏教の中にも阿弥陀仏如来の極楽浄土信仰などのような「救いの宗教」的な要素もあります。単純にそれ一色で覆われているのではありません。しかし、敢えてそのような言い方で神道を表現するとしたら、「畏怖の宗教」です。神道は、「救いの宗教」でもなく、「悟りの宗教」でもなく、第一義的に、「畏怖の宗教」であるといえます。
一条　「畏怖の宗教」、おそれの宗教ですか。
鎌田　はい。歴史的に見れば、教派神道や神道系新宗教の中には「救いの宗教」的なものも、「悟りの宗教」的なものもあります。しかし、神道の原点や原型には厳然と、「畏怖の宗教」の原像が刻印されています。
一条　それが「カミ」という言葉に端的に表れているわけですね。

鎌田　そうです。「カミ」という名称の語源については、「上」「隠身」「輝霊」「鏡」「火水」「噛み」など古来より諸説があるものの、定説はありません。
でも、江戸時代の国学者である本居宣長は大著『古事記伝』で、「尋常《よのつね》ならずすぐれたる徳《こと》のありて、可畏《かしこ》き物」を「カミ」と定義しました。
つまり現代の若者風に言えば、「ちょー、すごい！」「すげー、かっこいい！」「めっちゃ、きれい！」「ありえねーくらい、こわい」「ちょー、ありがたい」などの形容詞や副詞で表現される物事への総称が神なのですね。

一条　一気に身近になりますね。ちょー、ありがたい（笑）。

仏教との違いは

一条　それではひとまず、神道と仏教の違いについて、教えていただけますか。

鎌田　『日本書紀』孝徳紀に「信仏法、軽神道」という比較が出てきます。「仏法」とは「法」という教えの体系ですから、それを信じるか信じないか、信不信をはっきりと表わすことができます。しかし、「神道」はそのような「法」を持たず、教えの体系ではありません。信不信ではなく、「尊」か「軽（不敬）」の対象でしかない。つまりそれは、古来維持されてきた先祖伝来の伝承の集積だから、それを大事にするか大事にしないか、敬うか敬わないかという二つの態度しかないわけです。

信じるとか信じないとかというように、はっきりとその対象の真偽性を事分けることはできないという構えです。ここで、「教えの体系としての仏法（仏教）」と、「伝承の集積としての神道」との違いがはっきりと出ています。

宗教とは何か

一条　では鎌田先生にとって、宗教とは何ですか？

鎌田　わたしは、宗教をひとまず、「聖なるものとの関係に基づくトランス（超越）

技術の知恵と体系」と定義しています。宗教は「トランス（超越）」のはたらきを通して「こころ」や「たましい」の「深み」に降り立ち、その「底力」を引き出す「身心変容」のワザを持っています。

そのワザには、物語（ナラティブ・神話伝承）、ないし儀礼と内観（自己を見つめる、インサイト、瞑想）、すなわち伝承を通して歴史的一回性を超えた神話的時間の中に参入するワザと、今ここの現実を精密にスキャニングしたりイメージ操作したりすることにより自己と世界の解像度をシフトするワザの二種があります。

日本においては前者を主に神道が、後者を仏教が担ってきました。そして、前者がシャーマニズムのトランス的な身心変容技法である神懸りを、後者が瞑想的な自己放下的な身心変容技法である止観や禅を開発しました。

グレート・スピリット

一条　わたしは、太陽信仰や月信仰に深い関心があります。太陽や月はもちろん、人間以外の生物を含む、木や石など、すべての物のなかに魂が宿っているという思想や信仰を「アニミズム」といいますね。アニミズムの信仰は神道にも通じているように思います。

鎌田　さし昇ってくる朝日に手を合わす。森の主の住む大きな楠にも手を合わす。台風にも火山の噴火にも大地震にも、自然が与える偉大な力を感じとって手を合わす心。

　どれだけ科学技術が発達したとしても、火山の噴火や地震が起こるのをなくすことはできません。それは地球という、この自然の営みのリズムそのものの発動だからです。その地球の律動の現れに対する深い畏怖の念を、神道も、またあらゆるネイティブな文化も持っています。ネイティブ・アメリカンはそれをグレート・スピリット、自然の大霊といい、神道ではそれをむすびの力を核として生成してくる「八百万の神々」といいます。

一条　グレート・スピリットが、わたしたち日本人にとっての八百万の神々と同じなのですね。まさに神道というのは日本だけでなく、この地球上に遍在するものですね。かの折口信夫が太平洋戦争での敗戦時に述べた「人類教としての神道」という言葉も、おそらくはそういった意味のように思えます。

伝承型宗教

鎌田　宗教には「伝え型の宗教」と「教え型の宗教」の二種があります。伝承型宗教と説教型宗教（創唱宗教）と呼んでもよいでしょう。

　仏教やキリスト教やイスラム教などの世界宗教は、まさに創唱宗教です。すなわち、ブッダやイエスやムハンマドといった開祖を持ちますが、神道は、いつ誰が始めたとも知れず、神話や儀礼として部族や民族の伝承の中に伝えられてきた伝承型宗教です。それは「伝承の森」とも「伝承の海」ともいえる共同性に支えられて存在してきたものです。

一条　森と海……地球規模の伝承を感じます。

鎌田「畏怖の宗教」であり、「伝え型の宗教」である神道は、日本人の心の奥の奥にまで影響を与えていると言えます。ふだんは神仏など信じない人でも、厄年を迎えるとどうも不安になり、神社で厄除け祈願をすると安心します。

一条　たしかに。

太陽信仰を考える

一条　神道というと「太陽の宗教」、仏教は「月の宗教」といったイメージがあります。

わが社の社名は「サンレー（ＳＵＮＲＡＹ）」といいます。「太陽光線」という意味です。創業者であり、わが父でもある佐久間進会長は太陽を求めてやまない人なのですが、『太陽を追う男』という評伝も出ているほどです。

鎌田　佐久間進会長は國學院大學で日本民俗学を学ばれましたね。わたしの先輩です。わたしは、「礼の求道者」としての佐久間会長を尊敬しています。一条さんはその息子さんですが、高い志と強い意志と実行力を併せ持った佐久間父子を、わたしは「日本最強の父子」だと思っています。

一条　恐縮です。こちらこそ、父もわたしも鎌田先生こそは国学研究・実践の第一人者であると尊敬申し上げております。父はよく、鎌田先生のことを「現代の折口信夫」と表現します。その折口信夫も学んだ國學院大學は、「国学」あるいは「古学・古道学」を基盤にした日本の古典と日本文化を研究するため、明治一五（一八八二）年に設立された皇典講究所に起源を持つ教育機関ですね。

鎌田　「国学」は、一言で言うと、日本文化の精髄に何があるか、そしてそれがどのような価値を持ち、日本人の生き方や文化として表出されてきたかと問いかけ、それを今に生きようとする「学道」であると言えます。

一条　はい、わたしも「国学」とは「日本人とは何か」を追求した学問だと思います。そのテーマは国学から新国学としての「日本民俗学」に受け継がれました。父は日本民俗学が誕生した昭和一〇年に生を受けています。また、父は亥年ですが、ともに國学院の教授を務めた日本民俗学の二大巨人・柳田國男と折口信夫も一回り違う亥年でした。

鎌田　なるほど、佐久間会長が國学院で日本民俗学を学び、そのまさに中心テーマである「冠婚葬祭」を生業としたことには運命的なものを感じますね。

一条　はい。話を太陽に戻しますと、サンレーは「太陽を追う男」が創業した、いわば「太陽を追う会社」ですが、太陽の重要性はいくら語っても語り尽くせません。

太陽の科学的な研究は、二〇世紀に入って現代物理学が誕生してから大いに進みました。太陽を光り輝かせているエネルギー源が、太陽に豊富に存在する水素核、言い換えれば、陽子が順々に四個融合してヘリウム核を合成する原子核反応に伴って開放される原子核エネルギーにあることが明らかになったのです。

この天体の存在なしでは、当然のことながら、地球も存在しえませんでした。また、太陽が送り届けてくれる光エネルギーがなかったとしたら、地球は暗黒の凍った天体となってしまっており、生命を育む存在とはなりえませんでした。『旧約聖書』の「創世記」には、最初に神が「光あれ」と言いますが、それは太陽光線のことだと、わたしは思います。

太陽が周囲の空間へ向けて休むことなく送り出している光エネルギーの源泉は原子核エネルギーにあり、現在では「熱核融合反応」というふうに呼ばれていますが、これが夜空に輝く星々の大部分の光エネルギーを生み出しているのです。こんなわけで、わたしたちの生活は、太陽の中心部にある天然の核融合炉の運転によって維持されているのだと言えるでしょう。

思いをめぐらせば、いま、わたしたちが使用している石油や石炭も太古の昔に地球が蓄えた太陽からの光エネルギーですし、最近では太陽エネルギーそのものが発電にも利用されています。太陽活動の指標である太陽黒点数の変動には約一一年周期の循環性がありますが、これが地球上の気象環境やエコロジー、さらには経済・景気変動にまで影響しているとされています。

太陽は、古代に生きた人々の生活と信仰を支える大切な天球でした。生活においては、彼らの暮らしが狩猟や農耕に依存していたので、太陽がいかに大きな力を及ぼしているかについてはよく理解していたでしょう。そこから太陽に対する崇拝や信仰が生まれ、神そのものを感じました。

鎌田　太陽信仰ですね。

一条　太陽は月とともに、人類最古の信仰の対象だったのです。さまざまな人工照明により夜間を明るくする工夫がなされている現代では、真の闇がどんなものかを想像することは困難ですが、かつての夜のように真っ暗闇の状態では、すぐ近く、手を伸ばせば届くようなところまで危険が迫っていてもわかりません。古代人は、このような恐怖に満ちた状況の中で生活を送っていました。そのためか、朝日が昇ってくるのを見たときは安堵の気持ちを抱いたことでしょう。あらためて太陽の恵みに深い感謝の心を抱いたに違いありません。

鎌田　感謝したはずです。

一条　太陽が西の空の向こうに沈んだあと、二度と再び回帰してくることがなかったとしたら、人々は夜の恐怖にさらされるだけでなく、太陽のもたらす恵みも受けられなくなります。古代人たちが、沈みゆく太陽が再び東の空に昇ってくるようにと祈願するようになったのは当然の帰結でした。このようなことから、太陽がもたらす恵みに感謝する祭祀や、冬至や夏至に当たる日に特別の祭りを行なうようになったのでしょう。太陽の光に対する感謝の念も、当然強くなりました。

鎌田　太陽に関する神話も地球上のあらゆる場所で誕生しました。

一条　釈迦に説法で恐縮ですが、わが国にも、よく知られた神話として天照大神が隠れたという「天の岩戸」の物語がありますが、民俗学者の折口信夫も推測したように、おそらく毎年訪れる冬至における祭りから生まれたのだと思われます。

鎌田　これは日本だけのことではありませんね。

一条　ストーンヘンジで有名なイギリスのウェセックス地方などもそうですが、日本の古代に生きた人々は、太陽が最も南に移った冬至のときに「再び北へと戻ってくることがないのではないか」と恐怖を感じました。そのとき、真昼でも太陽の位置は天空上で低く、その光は弱々しく、厳しい寒さを迎えていました。もし太陽が再び北へと移ってくることがなかったら、この弱々しい光を投げかける太陽が死を迎えるのではないかと恐れられたに違いなく、だからこそ、冬至での祭りは真剣に行なわれたことでしょう。冬至は毎年一度、定期的に訪れるので太陽の天空上の運行の規則性に気づいたはずです。その結果、太陽の回帰に対する祈願や祭りは次第に儀礼的な行事へと移っていったのです。暦の発明は、太陽や月、あるいは他の明るい星々の天空上の規則的な運行と、その周期性に気づいたことから始まりました。天の岩戸神話も、こうした行事から生まれたのではないでしょうか。

鎌田　たしかに、天の岩戸神話のルーツは、太陽信仰と密接な関わりがあります。

一条　ところで、この太陽信仰は世界宗教になりえるのでしょうか?

鎌田　どうでしょうか?　微妙で難しいですね。太陽の受け取り方に世界中で差があるからです。熱帯地方と寒帯地域では太陽についての感覚的身体的受容が異なるでしょうね。

天地人という考えでいえば、天は太陽神、地は地球、大地母神ですね。人は教祖的宗教になりますかね。「天」はキリスト教、「地」は土着宗教、「人」は仏教や儒教のイメージですかね。

一条　太陽とともに、月も地球や人類に大きな影響を与えていますね。

鎌田　多くの民族の神話と儀礼において、月は死、もしくは魂の再生と関わっています。いつも形が変わらない太陽と違って、規則的に満ち欠けを繰り返す月が、死と再生のシンボルとされたことは自然でしょう。

一条　ブッダは、満月の夜に生まれ、満月の夜に悟りを開き、満月の夜に亡くなったとされています。ミャンマー、タイ、スリランカといった東南アジアの上座部仏教の国々では今でも満月の日に祭りや反省の儀式を行ないます。仏教とは、月の力を利用して意識をコントロールする「月の宗教」だと言えるかもしれません。

儀礼と神道

一条　日本人は正月になると門松を立て、雑煮を食べ、子どもたちにお年玉を渡します。ここにはインプットされた神道のデータが作用しているのではないでしょうか。伊勢神宮の心御柱にならえば、神道は日本人の「こころ」の柱といえます。新年になると、明治神宮だけでも三が日に三〇〇万人以上の参拝人が集まります。世界のどんな教会でもこの短期間に数百万人も押しかけるという話は聞いたことがありません。そのありえない現象が日本中の神社で見られ、正月の風物詩となっています。

日本人は誰が命令するのでもないけれど、アイデンティティのもととして、元日になるとインプットされたデータが作動するように、「出てきなさい」という呼びかけがあるごとく神社へ行く。受験勉強で忙しい受験生はなおさら行きます（笑）。

わたしは、ここに日本人の潜在的欲求を見るような気がします。

鎌田　まさに、神道とは日本人の「こころ」の主柱なのです。

一条　日本人の「こころ」の柱は他にも存在すると思います。儒教と仏教です。神道・儒教・仏教の三本柱が混ざり合っているところが日本人の「こころ」の最大の特徴ではないでしょうか。それをプロデュースした人物こそ、かの聖徳太子ですね。

鎌田　聖徳太子こそは、宗教と政治における大いなる編集者でした。儒教の礼によって社会制度の調停をはかり、仏教の智慧によって人心の内的平安を実現しました。心の部分を仏教で、社会の部分を儒教で、そして自然と人間の循環調停を神道が担う。三つの宗教がそれぞれ平和分担するという「和」の宗教国家構想を聖徳太子は説いたのです。いわば、神と仏を共生させるという離れ業をやったわけです。

もともと、神と仏は原理的に異なる存在です。

一条　その違いは？

鎌田　第一に、神は在るモノ、仏は成る者。第二に、神は来るモノ、仏は往く者。第三に、神は立つモノ、仏は座る者。

つまり、神とは森羅万象、そこに偏在する力、エネルギー、現われです。それに対して、仏は悟りを開き、智慧を身につけて成る者、すなわち成仏する者です。また神は祭りの庭に到来し、訪れてくるモノですが、それに対して、仏は悟りを開いて彼岸に渡り、極楽浄土や涅槃に往く者です。

一条　わかりやすい！

鎌田　神は祭りの場に立ち現われるがゆえに、神の数詞は一柱・二柱と数えるのに対して、仏は悟りを開くために座禅瞑想して静かに座る者で、その座法を蓮華座などと呼びます。例えば、諏訪の御柱祭や伊勢の神宮の心御柱や出雲大社の忌柱に対して、奈良や鎌倉の大仏の座像などは、立ち現われる神々の凄まじい動のエネルギーと、涅槃寂静に静かに座す仏の不動の精神との対照性を見事に示しています。このように、神と仏の違いは非常に大きいと言えます。

一条　ある意味で対極に位置するもの？

鎌田　そうですね。それにも関わらず日本で神仏習合が進んだのは、もともと森羅万象に魂の宿りと働きを見る自然観や精霊観があり、それが仏を新しい神々や精霊の一種として受け入れる素地となったからです。

その自然観や精霊観を「アニミズム」と呼ぼうが、「森羅万象教」や「万物生命教」と呼ぼうが、もっとシンプルに「自然崇拝」と呼ぼうが、実態はそう変わりません。そこには、「一寸の虫にも五分の魂」が宿り、「仏作って魂入れず」という言葉で肝心要のことに注意を喚起してきた文化があります。私はその文化の根幹にある思想を、「八百万神道」の中核をなす歴史的生命線として「神神習合」と位置づけました。

神神習合論は、肯定性の思想の極致と言えるでしょう。極論すれば、八百万主義とは全肯定の思想なのです。

一条　日本宗教史における「神神習合」と全肯定思想としての「八百万主義」のご指摘は、素晴らしいです。本居宣長、平田篤胤、柳田國男、折口信夫といった偉大な先達たちでさえ気づかなかった神道の核心を発見されたのではないでしょうか。

童謡「むすんでひらいて」

鎌田　「神道」の真髄について誰にでもわかるように解き明かすとすれば、童謡の「むすんでひらいて」が最適です。

「むすんでひらいて、手を打ってむすんで、またひらいて手を打って、その手を上に」という歌詞のこの童謡は、作曲はフランスの思想家ジャン・ジャック・ルソーですが、作詞者が不明といわれています。古代歌謡や民間伝承のさまざまな物語の多くは作者不明ですが、しかしそれが伝承されてきたところに、その歌や物語の共同心性が共有されていたことがわかります。

あるものとあるものとをむすぶ、そしてそのむすびからあるものごとをひらいていく、そして神前で拍手を打つように手を打って、またさらにそれらをむすびかため、またひらき、手を打って、天地神明に対し、手を上にして祈りの言葉を唱え、感謝と祈りの気持ちをあらわす。

何気ない、誰にも知られているような童謡の中に、潜在思想として、神道の精神と思考が極めてはっきりと表現されています。

一条　「むすんでひらいて」なら、誰もが口ずさめますね。

鎌田　神道の死生観を考えるときも、根源語は「むすび」と「ひらき」です。「むすび」とは、いのちを生成するはたらき、対して、「ひらき」とは、開放するという意味ばかりではなく、その反対に、解散するとか消滅するとか無くなるという合意を持っている。例えば、「おひらきにする」と言ったら、おしまいにする、解散するという意味合いです。

一条　宴会の最後でも、「おひらきにする」といいますね。

鎌田　無くなるということは単なる消滅ではなく、もう一つの世界へ開いていくという意味合いも持っているということになりますが、この死生観を古くからの大和言葉を使って言えば、「むすびとひらき」です。

教義のない宗教

一条　神道には明確な教義はありませんね。

鎌田　しかし、いろいろな形に表れています。「表現《あらわれ》としての神道」を次の七つの観点から位置づけたいと思います。

1.「場」の宗教としての神道〜森（杜）の詩学、斎庭《ゆにわ》の幾何学・聖地学、場所の記憶。

2.「道」の宗教としての神道〜教えではなく、生活実践、いのちと暮らしのかまえ、いのちの道の伝承文化として。

3.「美」の宗教としての神道～もののあはれや気配の感覚知、清浄、すがすがしさ、感覚宗教、芸術・芸能宗教。
4.「祭」（儀礼）の宗教としての神道～祭祀による生命力の更新・鎮魂（たまふり）。
5.「技」（わざ）の宗教としての神道～具体表現の技術。ワザヲギの術。エロス。
6.「詩」（物語性・神話伝承）の宗教としての神道～世界やいのちを物語的にとらえる。
7.「生態智《エコソフィア》」としての神道～いのちのちからと知恵を畏怖・畏敬し、伝承し、暮らしの中に生かす。

一条　「場」「道」「美」「祭」「技」「詩」に加えて「生態智」。

鎌田　表現《あらわれ》の総体の中に「生態智」が息づいていると考えています。

一条　「生態智」について、もう少し詳しく教えていただけますか。

鎌田　「生態智」とは、「自然に対する深く慎ましい畏怖・畏敬の念に基づく、暮らしの中での鋭敏な観察と経験によって練り上げられた、自然と人工との持続可能な創造的バランス維持システムの技法と知恵」といえばいいでしょう。

一条　「神道」には、そのような深層的な「生態智」が詰まっている。

鎌田　日本列島の最大の特徴は北米プレート、ユーラシアプレート、フィリピン海プレート、太平洋プレートが張り出して来て集合している「プレート集合列島」であるところだと指摘されています。

このような地質学的・自然地理学的な習合特性の上に、歴史地理学的・文化地理学的な習合特性が加わってくる、すなわち、北方、西方、南方の三方から、半島的要素（朝鮮半島から）、大陸的要素（中国大陸から）、南島的要素（東南アジアの島々から）が入り込んできて、ハイブリッドな文化・文明習合が生まれました。

このように日本列島はプレート、気候、海流、動植物相、環境と生態系のすべてにおいて、実に多様で多層的、かつ多元的な習合構造としてできあがっています。つまるところ、プレート習合と文化習合の集結点ないし環太平洋祭祀文化が「神道」の基盤であり、日本列島に葦のように自己生成してきた「神道」は、日本列島の自然と文化の生成の交点、立体交差点となっています。

こうした交点に、「神道」という土着型宗教と「仏教」という伝来宗教が「習合」

して、「神仏習合」という独自の宗教複合の習合文化が生み出された。この「神仏習合」文化は、現在に至るまで日本文化の通奏低音となっています。

一条　「神仏習合」という文化習合が練り上げられる遥か以前から、四つの海流（黒潮・対馬海流・親潮・リマン海流）が流れてきて合流するという「海流の十字架」でもある日本列島において、さまざまな「カミガミ」が合流してきたのですね。そこに列島の「神神習合」の文化特性ができてきた、と。六世紀になって仏教が朝鮮半島から伝えられ、その後さらに中国大陸から伝えられて、日本古来の神道と交じり合う「神仏習合」文化が形成されたと、鎌田先生は見ておられますね。

鎌田　「神仏習合とは神神習合の一分枝《ブランチ》である」――「カミ（神）」とは、日本人が抱いてきた聖なるものに対する「霊性のフォルダ」であり、その「神フォルダ」の中にたくさんの「八百万の神ファイル」が収められています。

さまざまな神威、神格、霊威、霊格、霊性を表わす「八百万の神ファイル」を全部ひっくるめて、一つの「フォルダ」として集大成したものが、「神」という名の一大フォルダです。そういう「神フォルダ」や「八百万の神ファイル」の文化土壌に、「仏菩薩」

の信仰と思想と実践が入ってきて、その「フォルダ」の中に包含され、根付くことになりました。それが神と仏の日本文化史であり交渉史です。

一条　「フォルダ」とか「ファイル」といったパソコン用語を使う現代性というか、ＰＯＰ性こそ鎌田先生の真骨頂ですね。決して真似のできない「強み」であると思います。わたしは、もともと鎌田先生のことを稀代の「コンセプター」であり「コピーライター」であると思ってきました。なかなか言葉に表現しにくいものを概念化し、言語化する鎌田先生の能力にはきわめて非凡な才能を感じます。

鎌田　恐縮です。先程も紹介したように、さまざまな神威、神格、霊威、霊格、霊性を表わすファイルを含んだ霊性フォルダを「神」と総称します。

その「神」から発するさまざまな現象や生成が「神からの道」としての「神道」です。それに対して、人間が儀礼、祈り、供物、さまざまな芸能を「神」に捧げ奉納することを通して向き合おうとするのが、「神への道」としての神道です。さらには、祈り、祭り、直会などを通して、神と人間が共に楽しみ、飲み食いし、遊ぶさま、これが「神との道」としての神道です。

祭りとは何か

一条　「神からの道」、「神への道」、「神との道」……三つの「神道」は、すべて「祭り」という祈りの形式を通して総合的に実践されます。「祈り」は一人で捧げる行為ですが、祭りは地域の仲間や家族と共にみんなで行なう集合行為です。祈りは霊性の基盤である一方で、祭りは公共性の基盤ですね。

鎌田　「祭り」の四つの語源的意味を紹介します。

1．待つ――神々の訪れを待つ行為としての祭り
2．奉る――供え物を奉り芸能所作を奉納する行為としての祭り
3．服《まつ》ろう――大なる存在と意思に従う行為としての祭り
4．真釣り――真の大いなる均衡・バランス・調和としての祭り

一条　なるほど。これも、わかりやすいですね。

鎌田　祭りとは、神々と自然と人々との交歓によって、大なる循環と調和を導く民衆

的知恵と生活技術です。それは、魂の力をもって、平和と平安と幸福を招き入れるワザヲギであり、何モノか神聖なる存在、つまり神の訪れを待つところから始まります。

それには、深い「耳のそばだて」、傾聴の姿勢が必要です。神々や自然や先祖の声に慎しみ深く耳を傾け、その場に到来するものを待ち受けること、そしてそこに到来した大いなるモノに心からの感謝の供え物を奉り、大いなる存在の「声」に従い、讃え、調和と美と喜びをもたらすこと、それが「祭り」です。

こうした「祭り」の中で、聴こえてきた声と身振りのかたちが、やがて「神楽《かぐら》」という芸能文化となります。日本の芸能文化の始まりは「天の岩屋戸の神事」に発するとされています。舞い踊るアメノウズメノミコトの姿を見て神々は楽しくなり、口々に、「天晴れ、あな面白、あな楽し、あなさやけ、おけ！」と歓び叫びました。

一条　ここに「神道」の真髄を見られていますね。

「あっぱれ」と「あはれ」

鎌田　神道とは、この「天晴《あっぱ》れ、面白、楽し」を生き方の根本に据えていく道です。「天晴れ」とは、今まで曇って真っ暗だった状態から天が晴れること、つまり「いのち」の源の開放です。「面白」は、そのときに聖なる光が射してきて、顔の面が白くなること。「楽し」とは、光を受けて体が自然に踊りスイングすること。「さやけ」とは、神や人間だけではなく、笹がサヤサヤと一緒になって震えること。「おけ」とは、木の葉が一緒になって震えること。

こういう宇宙的調和的状態を実現するのが「祭り」であり、「神楽」であり「芸能」です。「神楽」とは、神と共に、自然の草木までが一緒になって震え歓ぶ歓喜の時間なのです。そういう行為と状態を、古語で「タマフリ」とも「タマシヅメ」とも「ワザヲギ」とも呼びました。「タマフリ」とは魂を奮い立たせることであり、「タマシヅメ」とは魂を鎮めること、また「ワザヲギ」とはその魂を招き寄せ、エンパワーメントしていくことです。こうして、「祭り」のワザが実現します。
一条　「俳優」という漢字は「ワザヲギ」と訓読みしますが、それは「神霊を招き寄せる（ヲグ）・技術ないし作法（ワザ）」という意味ですね。
鎌田　そうです。あの世とこの世をつなぎ、次元を超えて神秘不可思議の霊力を取り入れ、四次元的な立体交差点を作り出すことが、超越的な交通の技術としての「俳優＝ワザヲギ」なのです。
一条　現在のわたしのメインテーマは「ウェルビーイング」と「コンパッション」の二つなのですが、鎌田先生は神道的に見ると、ウェルビーイングとは「あっぱれ」であり、コンパッションとは「あはれ」であると言われましたね。
鎌田　先にも紹介しましたが、『古語拾遺《こごしゅうい》』という斎部《いんべ》氏の伝承を書いた本には、この「神懸り」の際に、神々が大いに喜び踊り、口々に「あはれ、あなおもしろ、あなたのし、あなさやけ、おけ」と囃したと記されています。そこで、「あはれ」とは「天晴れ《あっぱれ》」、天が晴れて光が差し込み、世界が明るくなることだと書かれています。
これは「鎮魂」や「神楽」の起源を語る神話とされていますが、それは、太陽の死と復活と、笑いによる生命力の更新を象徴しています。神懸りと笑いによる「招福攘災」、すなわち「岩戸開き」の業こそが「俳優《わざをぎ》」であり、彼が岩戸を開くことによってこの世に太陽光を戻し、「天晴れ」を実現します。そこから、「もののあはれ」的が派生していくのです。

一条　鎌田先生は、この「あっぱれ」こそが日本的ウェルビーイングであり、「あはれ」が日本的コンパッションであると指摘し、その二つは神道的視点では同源だと喝破されました。わたしは、この事実に大きな衝撃を受けました。

ウェルビーイングとは「あっぱれ」で、コンパッションとは「あはれ」である。そのどちらも太陽光（ＳＵＮＲＡＹ）と深く関わっている……すべてがわが社の理念や活動と一糸の矛盾もなく繋がっていると悟りました。

第2章
神道と冠婚葬祭

一条　第2章ということで、「神道と冠婚葬祭」です。
　この章では、神道における結婚式や〝むすひ〟と〝修理固成（つくり、かため、おさめ、なせ）〟の意味について、神道の通過儀礼・年中行事の種類と意味、〝むすひ〟によって生まれた命をどの様に育んでいくか、時間や人生（各個人の存在）を肯定する手段としての儀礼について、神道の死生観・葬儀・祖先祭祀、〝むすひ〟が生んだ命の終焉とその後の世界（黄泉の国・根の国・底の国・妣の国・常世の国）、などについて語り合えればと思います。
鎌田　死生観については大いに語りたいですね。
一条　ぜひ、お願いいたします。

結婚よりも結婚式のほうが先？

一条　早速ですが、神道では結婚式や葬式はどのような位置づけでしょうか。

参考として、結婚式ですが、いま結婚式そのものが減っています。現在、日本で結婚する人のうち結婚式を挙げる割合は五〇％弱、チャペル式は六三％、神前式八％、その他は人前式二二％強となっています。こういった流れの中で、神前結婚式の意味と重要性を教えていただければ幸いです。

鎌田　わたしは、式の形というか、ファッショナブルな流行などには興味がありません。誓いの言葉というものを何よりも重要視しています。イザナギ、イザナミでいえば、結婚式でお互いの美しさを称え立て合うわけです。「あなにやし、えをとめを」「あなにやし、えをとこを」、つまり、いい女だなあ～、いい男ねえ～、とお互いの存在価値を認め合い、リスペクトし合う。いきなり性的行為ではありません。その称えごとは歌でもあります。称え合う機能が結婚式には重要ではないでしょうか。

わたしごとですが、わたしは明治神宮で結婚式を挙げました。当時は大学院生でもあり、おカネがありません。そこで明治神宮の裏にあった武道館で披露宴をしました。

一条　明治記念館ではなく、武道館ですか。

鎌田　そうです。結婚式で誓いの言葉として妻と添い遂げることを誓ったわけですが、そのときに、この誓いは誰に向けての誓いなのか、そんな思いがよぎったことを記憶しています。

一条　なるほど。ところで、わたしは、結婚式というのは結婚よりも先にあったと考えています。

鎌田　ほう、それはどういうことですか。

一条　二〇一四年一〇月一二日、わたしは東京は両国の「シアターX」で東京ノーヴィレパートリーシアターによる「古事記～天と地といのちの架け橋～」という舞台を鑑賞しました。原作は、鎌田先生の『超訳　古事記』（ミシマ社）ですよね。

鎌田　はい、そうです。

一条　その舞台を観たとき、わたしは「結婚式は結婚よりも先にあった」という大発見をしたのです。一般に、多くの人は、結婚をするカップルが先にあって、それから結婚式をするのだと思っているのではないでしょうか。でも、そうではないのです。『古事記』では、イザナギとイザナミはまず結婚式をしてから夫婦になっています。つまり、結婚よりも結婚式のほうが優先しているのです。他の民族の神話を見ても、そうです。すべて、結婚式があって、その後に最初の夫婦が誕生しているのです。つまり、結婚式の存在が結婚という社会制度を誕生させ、結果として夫婦を生んできたのです。ですから、結婚式をしていないカップルは夫婦にはなれないのです。

鎌田　それは、またすごい話ですね！

神前式夫婦のほうが離婚しにくい？

一条　結婚式ならびに葬儀に表れたわが国の儀式の源は、小笠原流礼法に代表される武家礼法に基づきますが、その武家礼法の源は『古事記』に代表される日本的よりどころです。すなわち、『古事記』に描かれた伊邪那岐命《いざなぎのみこと》と伊邪那美命《いざなみのみこと》のめぐり会いに代表される陰陽両儀式のパターンこそ、室町時代以降、今日の日本的儀式の基調となって継承されてきました。この舞台では、多くの神々が「われは〇〇の神」と言って立ち上がりながら名乗りを挙げますが、まさに「古事記～天と地といのちの架け橋～」という舞台そのものが一つの儀式となっていました。

鎌田　あの舞台が儀式そのものというのは同感です。

一条　わたしは、「神前式を挙げる夫婦の方が離婚しにくい」という仮説を持っています。

鎌田　それは、また大胆な仮説ですね！

一条　神前式に対して「古くさい」「窮屈だ」「ダサい」といったようなネガティブ・イメージを抱く若い人も多いようです。でも、そんな人たちにも神前式の意外な一面を知っていただき、神前式を見直してほしいと、わたしは心から思います。

わたしは、神前式の伝統性を重視し、日本で昔から行なわれてきた儀式だから見直せと言っているのではありません。第一、今の神前式のスタイルは決して伝統的ではなく、その起こりは意外に新しいのです。それどころか、キリスト教式、仏式、人前式などの結婚式のスタイルの中で一番歴史の新しいのが神前式なのです。もちろん古くから、日本人は神道の結婚式を行なってきました。

でも、それは家を守る神の前で、新郎と新婦がともに生きることを誓い、その後で神々を家に迎えて家族、親戚や近隣の住民と一緒にごちそうを食べて二人を祝福するものだったのです。神前式の歴史はたかだか一〇〇年ちょっとにすぎず、それもキリスト教式の導入がきっかけという、いわば外圧によって生まれたものであり、伝統などとはまったく無縁なのです。

神前式が離婚を生みにくい秘密は、そんなところにあるのではありません。

鎌田　ほう、それは一体どういった秘密ですか？

一条　もう二〇年以上も前、わたしが松柏園ホテルの総支配人だった時代に、わが社の結婚式場で挙式されたカップルの追跡調査を行なったことがあります。わが社では、神前式をはじめ教会式、人前式とあらゆるスタイルの結婚式を提供していますが、調査の結果、興味深いデータが出ました。

なぜか神前式をあげたカップルの離婚率が、その他のスタイルに比べて、とても低いのです。「神前式だと離婚しにくいのか」という疑問を抱いたわたしは、他の結婚式場やホテルの経営者にもたずねてみましたが、答えは同じでした。やはり、どこでも神前式を行なったカップルの離婚率は低いのです。
なぜ神前式のカップルは離婚しにくいのでしょうか。神道の呪術性のせいかとも思いましたが、むしろキリスト教式や人前式の方が呪術的要素が強いという見方もあります。長らく、このことは大きな謎でしたが、あるとき、「あっ、もしかして？」と思ったことがあります。

鎌田　それは何ですか？

一条　脳生理学者の池谷裕二氏とコピーライターの糸井重里氏の対談本に『海馬』という面白い本があります。この本を読んでいて、わたしは「はっ！」としました。池谷氏が、何かを脳にインプットする場合、手を動かすことがいかに重要かを語っているのです。手を動かすことが、いかにたくさん脳を使うことにつながっているかを力説し、大脳全体と手の細胞とが非常にリンクしていることを池谷氏は「指をたくさん使えば使うほど、指先の豊富な神経細胞と脳が連動して、脳の神経細胞もたくさんはたらかせる結果になる。指や舌を動かしながら何かをやるほうが、考えが進んだり憶えやすくなったり、ということです。英単語を憶える時でも、目で見るよりも書いたりしゃべったりしたほうが、よく憶えられるということは、誰もが経験のあることでしょう」と解説しています。

そうすると、あの神前式における数々の面倒な手の動きの謎が解けます。特に三三九度《さんさんくど》の盃を交互に飲み干す「三献《さんこん》の儀」の動きなど複雑きわまりないですが、三三九度も玉串奉奠《たまぐしほうてん》も柏手も、すべて何かを脳にインプットするための動作なのではないか。その「何か」とは「自分たちは結婚した」というメッセージです。これを神前式では、面倒で複雑な手の動きを通して何度も何度も「結婚した」という情報を脳に入力していく。最後に、もう一つの脳といわれている手の平を柏手でパァーンと刺激を与えて、入力作業のダメ押しをする。結婚への覚悟を新郎新婦の脳に注入する。これが、神前式が離婚者を生みにくい理由の一つであるような気がします。指輪の交換なども、脳への入力作業なのかもしれません。

鎌田　うーん、そんな効果がありますか。

一条　そして、何よりも神道という宗教の本質と結婚という行為の相性が良いように思います。もともと結婚は、男性と女性が結びついて新しい生命をつくり出す、「産霊《むすひ》」の行為を意味します。これは神道が最上のものとするコンセプトだと思いますが、わが社の「サンレー」という社名も、この「産霊」の音読みに由来します。

わたしは、「結婚とは最高の平和である」と常々言っています。人と人とがいがみ合う、それが発展すれば喧嘩になり、さらにはテロなどの悲劇を引き起こし、最終的には戦争へと至ってしまいます。逆に、人と人とが認め合い、愛し合い、共に生きていく結婚とは究極の平和であると言えないでしょうか。結婚ほど平和な「事件」はないのです。

鎌田　たしかに、結婚は平和のシンボルですよね。

一条　これは、神前式に限りませんが、仲人という文化も離婚を抑止する力を発揮していました。現在は消滅しかかっている感がありますが、仲人を立てて結婚式を挙げれば、離婚しづらいはずです。つまり、仕事関係や親戚関係の人に恥をかかせることになりますので。また花嫁が式で流す涙の理由の一つに鬘《かつら》からの痛みがあるそうです。重いし、痛いし、涙が出るような苦痛を二度と味わいたくない、一度でこりごり、そんなことが離婚抑止になったのではないかと（笑）。

鎌田　仲人はたしかに絶滅しかけていますが、仲人の役割はケアではないでしょうか。あんな立派な結婚式をあげたのに、離婚して。というのは嫌かもしれません。

一条　ところで、結婚式が減少する一方で、成人式の晴れ着は増えています。

鎌田　インスタグラム文化ですかね。

一条　はい。披露宴のスタイルが変わりつつありますが、晴れ着を見てもらうということ残っているわけですね。晴れ着を着ることで、主役であることを示しています。肯定的な行為ですね。

鎌田　晴れ着の中に祝いの文化は残っているわけですね。

一条　まさにハレの演出がもっと多様化していくと思います。

鎌田　称え合うことは必要ですね。

一条　鎌田先生が言われるように、神前結婚式はインスタ映《ば》えしますしね。

宗教における葬儀の役割

一条　結婚式に続いて、神道と葬儀について見たいと思います。わたしは、宗教にとって最も重要なのは葬儀に深く関わることだと考えています。例えば「葬式仏教」などと揶揄されることの多い日本仏教ですが、現在に至るまで日本で仏教が残ってきたのは葬儀を司ったからではないでしょうか。

仏教が誕生したのはインドですが、仏教のパワーはインドにおいて衰えていきました。それはインド仏教が葬儀への関わりを弱め、インドの民族宗教であるヒンドゥー教がインド人の葬儀をはじめとした通過儀礼を担当したからです。そのため、宗教としてのヒンドゥー教は一大勢力となっていきました。

インド大乗経典研究者で東京都日蓮宗善應院住職でもある鈴木隆泰氏は著書『葬式仏教正当論』（興山舎）で、「古今東西、人々の切実な願い・心の呻きに応えることのできない宗教、宗教者、宗教団体が生き残ったためしはありません。日本人が仏教に最も強く望んだのは、その呪術的力をもって除災招福をもたらすとともに、死者の魂を浄化し、祖先神を強化することでした。そして、そのような日本人の願いに応えることができたので、仏教は日本に根付き、今日まで生き残ってきたのです」と述べています。

明治以降、政府は仏教に代わって神道による葬儀、すなわち神葬祭を普及させようとしましたが、うまくいきませんでした。結果として、日本人の葬儀は仏教の支配下に置かれ続けてきたわけです。

鎌田　海洋散骨や樹木葬などの「自然葬」が増えていますが、これは一種の神道的葬儀と言えると思います。

一条　わたしは日本人の他界観は「海・山・星・月」に集約されると考えています。その上で、それぞれに対応した海洋葬・樹木葬・宇宙葬・月面葬の四大「永遠葬」を提唱しています。また、人類共通の祈りのカタチとして「月面聖塔」「月への送魂」の実現を訴えていますが、これは鎌田先生から大きく影響を受けています。

鎌田　たしか当初、対談を希望されたのは、「月に拝殿や鳥居を創りたい」というわたしの話に興味を持たれたのでしたね。

一条　そうです、そうです。鎌田先生の構想には、大変な衝撃を受けました。あまりの衝撃から、『ロマンティック・デス〜月と死のセレモニー』（国書刊行会）というハードカバーで四四〇ページの本を約一カ月で書き上げたくらいです。

鎌田　わたしは、「月面に鳥居をつくり、月から地球を仰ぎたい」と言いました。

一条　宇宙から地球を眺めたい……。

鎌田　そうです。月面の水平線を上ってくる地球を眺める。それが、わたしのイメージです。

ですから、鳥居はなくてもかまいせん。きっと月のクレーターの中に、地球を眺めるベストなスポットあるはずです。地球で、太陽を崇める自然のスポットがあるようにです。三島由紀夫の遺作である「豊穣の海」、あれは月面の場所ですね。

一条　わたしの月面聖塔も豊饒の海に建てる計画です。

鎌田　月は私有地ではなく、地球の人類の共有財産ですかね。

一条　たしかにそうです。わたしは月面聖塔に、人類の負の遺産といいますか、戦争の歴史を刻みたいと思っています。それが鎮魂になるはずです。さて、神道では、死後の世界をどう考えていますか。

鎌田　先ほどふれた産霊――「むすひ」が生んだ命の終焉とその後の世界として、黄泉の国・根の国・底の国・妣の国・常世の国などが挙げられます。

一条　神道と冠婚葬祭の関係については、鎌田先生の代表作の一つ『日本人は死んだらどこへ行くのか』（ＰＨＰ新書）を入門書として広く紹介したいですね。同書を読めば、「なぜ、日本人の葬儀は簡略化していくのか」「なぜ、日本人の墓は荒れていくのか」といった問いの答えも得られます。冠婚葬祭業に関わる人々にとって必読の書であるのはもちろん、一人でも多くの日本人に読んでほしい本です。

鎌田　ありがとうございます。

「生」と「死」について

一条　鎌田先生とお話ししていると、まるで謎解きをしているようです。「祭り」を大切にしてきた日本人は、「生」と「死」についてどう考えてきたのでしょうか。

鎌田　民間伝承として伝わることわざの中に、「七歳までは神の内」とか、あるいは「死んだら仏になる」とかの言葉があります。まさに、ここに日本人の死生観があります。「神として来たりて仏として去る」、つまり、「七歳までは神の内」というように神の子としてこの世に誕生し、「死ねば仏」というように仏として死んでいくという神と仏の相補的なとらえ方の中に、日本人の神仏習合的な死生観、生と死に対する「むすひ（産霊）」と「むじょう（無常）」の考え方がある。こうして、神道をいのちとワザの伝承文化、あるいは生態智という観点で考えることができます。日本列島民に身体的に伝えられてきたさまざまな伝承文化の表現《あらわれ》としての神道として考えられるのです。

その神道が、心の哲学と心の制御法としての仏教に触れて、より総合的でホリスティックな身心文化を生んでいった。その身心一如の文化が日本の神仏習合文化でもあります。

震災と死生観

一条　死生観といえば、日本人の多くに東日本大震災が大きなインパクトを与えたことと思います。

鎌田　被災地を訪れて体験し、感じ、考えたことがたくさんあります、

一条　鎌田先生から以前お聴きした宮城県の塩竈《しおがま》神社の筆頭禰宜《ねぎ》である野口次郎氏のお話が印象的でした。

鎌田　塩竈神社のある土地は、昔から宗教者同士の仲がよい土地柄です。宗教者間の親密さが下地としてあったために、「心の相談室」というケア活動も

生まれました。さらには、身元不明者に対する共同葬儀の奉仕が行なわれるようになり、合同での祈りが捧げられたそうです。

震災一カ月半後の(二〇一一年)四月二七日、二八日の二日間にわたり、神道、仏教、キリスト教の三宗教の聖職者が葛原斎場で身元不明の死者一体一体にそれぞれ神道の弔詞、仏教の般若心経の読経、キリスト教の讃美歌の詠唱を行なったというのです。身元不明者の属する宗教や宗派がわからないので、このような方式が生まれたそうです。

一条　このような宗教協力が行なわれていることに、ひとすじの光明を見る思いがしました。

鎌田　もちろん、中には無神論者や無信仰の方もいるでしょう。それはそれとして、身元不明の死者を前にして、宗教者として最善の弔いをしたいという思いは十分理解できます。死者もそのことで腹を立てることもないでしょう。

野口禰宜さんは、「生きている人たちへのケアと、亡くなった人たちへのケアの両方が必要なのです」と強調され、亡くなった方々への慰霊も、個人の慰霊と地域の両方が必要だと主張されました。

一条　野口禰宜の考え方に全面的に賛成です。まさにいま、生きている人たちへのケアと、亡くなった人たちへのケアの両方が必要であり、現代は「ケアの時代」とさえ言えるでしょう。

鎌田先生が宮城県の七ヶ浜の岩礁の海に入って禊《みそぎ》を行なおうとしたとき、どうしてもその海に入る気持ちになれなかったというくだりも印象に残りました。

鎌田　岩礁の海に入って禊を行なうことを躊躇しました。そこにはすでに目に視えない放射性物質が浸透し始めているという事実があったからです。禊ができないということは、神道にとってきわめて深刻な問題です。

禊の重要性

鎌田　日本の海も川も滝も、これまでほぼどこでも禊できるほど美しかった。きれいだった。しかし、「3・11」以後、そのような自然浄化力を期待することができない時代に入ったのだと感じりました。

わたしたちは、「風の谷のナウシカ」でいう「巨神兵」による破壊と汚染後の〝腐海の時代〟を生きています。「腐海とともに生きる」、それがこれからの深刻な課題です。かつてのような、素朴な、禊による身心の浄化という精神文化の物質的基盤は喪われたといえます。

一条　霊性的次元では、どのような打撃がありましたか。

鎌田　大自然の聖なる浄化力は、身体的次元から心的次元や霊性的次元にも深刻なダメージをもたらしました。浄化の大循環を途切れさせるという。それよりもさらに深刻だったのは、海に生きる生物たちであり、それを捕獲して生業を成り立たせている漁師さんたちでした。その海山で捕れた初物を恭しく地元の神社の神々に奉献してきたのが、等身大の素朴な神社信仰でした。そのような、生態学的なサイクルがここで分断されたのです。その痛みが鋭く深く突き刺さってきます。

一条　福島第一原発の事故は、日本の海や川や滝、つまり日本の「水」を放射能で汚染しました。わたしは『世界をつくった八大聖人』（ＰＨＰ新書）で、人類普遍の最重要思想として第一に「水を大切にする」ことを挙げました。人間にとって水ほど大事なものはないからです。

鎌田　水はライフラインの最重要項目です。縄文人であれ現代人であれ、水のないところで生きていくことはできない。生活にも生業にも水は欠かせないので、砂漠のオアシスのみならず、人類史は水場を求め、水場を確保し、それを元に居住まいをいかに安定させ、産業や文化を発展させるかに創意工夫を凝らしてきました。旧石器や縄文時代からの遺跡とともに密接に結びついていました。

その「恵み」であるはずの水が、時として人間の生命を危険に晒し、奪いさえします。東日本大震災で東北の沿岸部を襲った大津波が、まさにそうでした。さらに異常気象を象徴する台風や線状降水帯による大雨の被害ですね。

どうにもならない水の威力。その破壊力と、その対極にある水の恵み。その両極が、伝統的な神道思想において、荒魂であり和魂とされてきたものであったとしても、自然のふるまいをそのまま受け止めつつ、その中に噴出してくる根源的な浄化力というか復元力をわたしは信じます。

「むすひ（産霊）」という言葉に結実する生命思想を、生存の根源的な底力として自在な変容を遂げげつつ創造力を掻き立てていくものであることを信じます。

一条　自然の力の前に人間は無力です。

鎌田　台風でいえば、二〇一一年九月四日の台風一二号の猛威は、わたしがこよなく愛する天河大辨財天をも破壊しました。

被害直後の九月一二日の夜、その天河大辨財天社で観月祭が行なわれました。その夜の月光は白く、東の空に浮かび上がり、虹のフリンジを作りながら、境内の杉の間から姿をのぞかせました。それは、まるで美しいかぐや姫のようでもあり、まさに幽玄の美であったそうです。「月は魂と死と再生のシンボル」です。ここからどのような「復活」と「再生」があるのか。この天河での満月を見上げながら、「再生」する未来を念じ続けました。

一条　かつて鎌田先生から「月は魂と死と再生のシンボルである」と教えられ、わたしは今日まで月に取りつかれてきました。そして、今では義兄弟の契りを交わし、満月の文通をする関係になりました。

鎌田東二の死生観

一条　死生観といえば、「朝日新聞」二〇二三年六月一四日の夕刊に掲載された鎌田先生のインタビュー記事には感銘を受けました。「家族・友人と命語り　最後はお任せ」の大見出し、「突然の病、死と向き合うには」の見出しがありました。リード文には、「最近、記者（四二）の周りでは病気で手術を受ける人が増えた。三十、四十代のがんも多く、ひとごととは思えない。突然、死を意識せざるを得ない病が降りかかったとき、どう向き合ったらいいのだろう」と書かれています。

記者は、心の痛みを対話などで癒やすスピリチュアルケアの専門家で、宗教学者の鎌田先生がステージⅣのがんが見つかり、治療を続けていることから、京都のご自宅を訪ねて話を聴いたと書いています。鎌田先生のご病気のことはわたしも先生ご本人から知らされていました。酒も煙草もやられず、比叡山への登頂を繰り返す先生の生き方を知っていましたので非常に驚きました。

鎌田先生から最初にステージ4のがんの報告を受けたとき、わたしはショックを受けましたが、その直後に先生と松柏園ホテルで再会したとき、そのお元気な様子に驚きました。その後も、日本全国を飛び回る精力的な活動を続けておられ、勇気を与えられています。鎌田先生は、宗教や死生観を五〇年近く研究し、普段から死を意識してこられたそうですね。

鎌田　生きていれば必ず逆境が訪れます。逆境は暗く長いトンネルです。しかし、トンネルは必ず抜けられます。抜けたら、大きな光が与えられ、その人の人間性に強い力が加わります。ただ、信仰心のある人のほうが逆境に強いことは間違いありません。「どうしてですか？」という記者の質問に対して、わたしは「信仰は心の平安に作用するからです。天国に行って神のもとで暮らす、極楽で先祖に会える、何でもいいんです」と答えました。

一条　一方で、本当に天国に行けるのか、極楽があるのか迷う人は多いですよね。

鎌田　たしかにその通りですが、目まぐるしく心が揺れ動きながらも、信仰があれば、自分を内観できるだけの余裕を持てるのは事実でしょう。心にやさしい風が吹き、穏やかに自分の心の状態を見つめられます。

一条　記者は、「無宗教の人も多くいます」という質問もしていましたね。

鎌田　そういう人たちも自分の生き方に信念を持つことがありますね。それはそれで構わないと思いますが、自分の死生観を含めた生き方を尊重するには、相手の考え方も尊重しなければなりません。多様な死生観や信仰が交わることで、より生きやすい社会になります。

一条　死を前にした人の苦しみに対する回答は思い浮かばないとしながらも、鎌田先生は「病で死と直面した人に、他人がどんな言葉をかけても、なぐさめになりません。それほど絶望は深いんです。その状況で生きるかてを得るには、人と人の関係性しかないと思います。家族や友人の支えです」と述べておられます。これには非常に感動いたしました。

「人生会議」と「死生観カフェ」

鎌田　死に臨んだ人の家族や友人も、多かれ少なかれみな不安を抱えています。だからこそ、普段から家族や友人と「人生会議」を持つことです。「死生観カフェ」でもいいですね。死をどう捉えたらいいか、死に向かうときにどう過ごしていくか、死生観を語り合うことです。そういう人間関係をいかに築いておくか。恥ずかしがらず、堂々と死を語り合いましょう。

一条　さらに先の記事で、鎌田先生は「若者には古典を読んでほしいと思います。『古事記』、『日本書紀』、プラトン、ソクラテス、『論語』、仏典、何だって構いません。この世には解決できないこと、答えの出ないことが存在していることを教えてくれます。深く考え、問い続けることで死生観の形成につながります」と述べておられます。これも素晴らしい言葉です。

鎌田　記者から「死の恐怖は克服できますか」という質問もありました。病が進行し、体が機能しなくなっても、心のなかで起こることは最後まで生き続けます。その一つが、自分のなかに深く刺さった愛する人の言葉であり、自分の核として残っている言葉です。そういう言葉によって、自分の命を納得させられます。つまり、言霊のこもったいのちの言葉ですね。

一条　とくに、死を受け入れることは、「お任せすること」でもあるという鎌田先生のお言葉がわたしの心に深く刺さりました。

鎌田　わたしたちは、あらゆることを対象化し、分類します。あの人はだれ、これは何と認識することも分類です。ただ、命は分類できません。丸ごと、そのままの流れにお任せするしかない。何にお任せするか。神でも仏でも自然でも大いなる何かでもいい。重要なのは、苦しみにあっても、心を開いていく道があると考えられることです。それは命を手放すこと、と言えます。命をまっとうできることに感謝し、最後には手放していく。私も第二幕があるかわかりませんが、ありがとうと言って旅立っていきたいと思います。

一条　今回の鎌田先生のインタビュー記事は、死を乗り越えるための最高の叡智だと思いました。記事の中にある『古事記』も『論語』も仏典も、ソクラテスもプラトンも「人類の叡智」ですが、鎌田先生の死生観も叡智であると思います。

鎌田　ありがとうございます。

一条　「人生会議」や「死生観カフェ」も素晴らしいアイデアで、ぜひ、わが社のような互助会が取り組むべきプロジェクトですね。何よりも、最後の「ありがとうといって旅立っていきたい」という言葉が心に強く残りました。わたしも精一杯生きて、「ありがとう」と言って人生を卒業していきたいものです！

第3章
現代社会と神道

一条　この章では、鎌田先生のユニークといいますか、ＰＯＰな表現で、神道の新しい世界観を表現していただければと思います。

具体的には、日本人の精神性の基層としての神道・儒教・仏教の現代における理想的な関係性について、神道とグリーフケア、現代で宗教が担うべきグリーフケアという役割を神道はどう果たせるか、災害と向き合うための神道、神道における先祖祭祀とそのアップデート、神道とコンパッションとインターフェイス（Interfaith）、コンパッションとインターフェイスの意味と他宗教における位置づけ（キリスト教：隣人愛、儒教：仁、仏教：慈…など）、救済的側面が強くない神道にコンパッションは見出せるか、コンパッションを実現する方法としての祭り、現代社会に必要なＷＣ（Well-being & Compassion）を結ぶ方法などについて語り合えればと思います。

鎌田　最後に挙げられた『ウェルビーイング？』と『コンパッション！』は、ご著書を拝読しました。一条さんは最近、ＷＣに力を入れておられますね。

一条　鎌田先生にも寄稿していただき、ありがとうございました。

ご指摘のように、わたしの現在のメインテーマは「ウェルビーイング」と「コンパッション」です。先生いわく、神道的ウェルビーイングとは「あっぱれ（天晴）」、神道的コンパッションとは「（ものの）あはれ」であり、どちらも語源は同じとのこと。

鎌田　そう思います。

一条　鎌田先生のご指摘で、わたしの中でウェルビーイングとコンパッションが見事に繋がりました。

「ウェルビーイング」と「コンパッション」

一条　現在、「ウェルビーイング」が時代のキーワードになっています。幸福の概念に深く関わる言葉ですが、幸福の正体は、ウェルビーイングだけでは解き明かせないと考えています。また、コンパッションだけでも解き明かせません。陰陽の二本の光線を交互に投射したとき、初めて幸福の姿が立体的に浮かび上がってくるように思います。
それは、「死」があるからこそ「生」が輝くことにも通じています。太極図では、陰と陽が一つの円を作っています。陰陽は相反するものでなく一つのものが見せる、異なったように見える姿です。陰と陽の光があたり、一つの円が見えてくるという感覚です。言い換えると、陰と陽がないと円は見えてきません。そして陰陽が繋がることによって神道でいう「産霊」が起動するように思います。わたしは、喜びと悲しみ、冠婚と葬祭、平和と平等、そしてウェルビーイングとコンパッションを繋ぎ、産霊の力によって「幸福」というものを実現したいと思いました。

鎌田　同感です。

一条　たとえば、銭湯の男湯と女湯は別世界ですが、両者を繋ぐ「番台」の存在があります。また、ビジネスの世界でよく目にするBS（貸借対照表）とPL（損益計算書）も異なる指標ですが、両者を繋ぐ「利益」があります。同様に、ウェルビーイングとコンパッションを繋ぐものは「ケア」であると気づきました。
ケアの中でもグリーフケアは、闇に光を射すことであり、天の岩戸開きに通じます。岩戸開きは「天晴《あっぱれ》」という言葉を生みました。鎌田先生いわく、この「天晴《あっぱれ》」

こそは神道的ウェルビーイングなのですね。また、「天晴《あっぱれ》」と同じ語源を持つものに「あはれ」があります。「もののあはれ」の「あはれ」です。

鎌田　この「あはれ」こそは神道的コンパッションです。

一条　コンパッションは、キリスト教では「隣人愛」、仏教では「慈悲」、儒教では「仁」、そして神道では「あはれ」です。これこそ、わたしが探し求めていたものです。ウェルビーイングとコンパッションが神道的視点では同源だという事実。感動です。ウェルビーイングが「天晴《あっぱれ》」で、コンパッションが「あはれ」、そのどちらも太陽光（ＳＵＮＲＡＹ）と深く関わっている……すべてがサンレーの理念や活動と一糸の矛盾もなく繋がりました。

鎌田　ご指摘のバランスシートもまた、この世の資産と負債につながります。罪深き人間は、たとえば人をねたむ気持ちなど、仏教では煩悩といいましたが、キリスト教では罪といい、それを救う手段の一つ、負債の返済が宗教の役割だったとも言えます。

現代の神道

一条　ご著書『現代神道論』で、二〇一一年三月一一日の朝、鎌田先生は京都から熊野に向かい、神社仏閣を参拝して回った後、沖縄から合流した映画監督の大重潤一郎氏から東北地方を襲った大地震と大津波のことを聞き、初めて未曾有の大災害のことを知ったと書かれていますね。

鎌田　はい。この夜わたしは、熊野本宮の地で、東北地方を襲った地震と津波の映像を見ました。特に、気仙沼が燃え盛っている真夜中の風景は、宮崎駿監督のアニメーション「風の谷のナウシカ」の王蟲《オーム》の暴動の場面を想起し、慄然としました。

信じがたい、息をのむ光景でした。津波にのみ込まれて亡くなっていった多くの人々の恐怖と無念の思いが一挙に押し寄せてくるように思いました。「無縁社会」どころか、ある面では「絶縁社会」になった。この身元も不明、行方も不明、この大震災と大津波によって亡くなった方々をどう供養し鎮魂し、そしてこれからの社会をどう築いていくのか、厳しく問われていると思いました。これから先、どんな困難が待ち受けているか、先の読めない「現代大中世」という「大乱世」の深部にいよいよ突入していくのかという暗澹たる気持ちを抱いたまま、熊野本宮での一夜を過ごしました。

一条　ご著書から鎌田先生の衝撃が伝わってきました。

鎌田　元号が「平成」になったとき（一九八九年一月八日）から、それまでも主張していた「現代大中世論」をさらに強く主張するようになりました。

一条　現代は中世の課題をいっそう拡大再生産したような困難の中にあるという時代認識ですね。

鎌田　そうです。日本中世では律令体制が大きく崩れ、征夷大将軍という令外の官が権力の中心となって二重権力構造が生まれました。そして、現代日本は米国という「征夷大将軍」に制圧され守護された二重権力構造の中にあります。

一条　バブル崩壊前の元禄気分が漂う時代風潮の中で、鎌田先生が「現代大中世論」を主張されていたと記憶しています。

鎌田　その頃から世界を混乱に陥れている出来事として、一九八九年のベルリンの壁崩壊、九一年のソ連崩壊、湾岸戦争、九五年の阪神淡路大震災、オウム真理教事件、九七年の酒鬼薔薇聖斗事件、二〇〇一年の米国同時多発テロ事件、アフガニスタン戦争、〇三年のイラク戦争、〇四年のスマトラ沖地震、そして〇八年のリーマンショック後の世界金融危機、地球温暖化現象などが挙げられます。

一条　深刻度を増した事件や事態が相次ぎましたね。

鎌田「現代大中世論」を一言で言えば、四つの「チ縁」――地縁、血縁、知縁、霊縁の崩壊現象とそれを踏まえた再建への課題を指しています。

まず、限界集落を抱える地域共同体やコミュニティの崩壊。家族の絆の希薄化と崩壊。知識や情報の揺らぎと不確定さ。「葬式は、要らない」とか「無縁社会」と呼ばれるような先祖祭祀や祖先崇拝などの観念や紐帯や儀礼が意味と力を持たなくなった状況。物質的基盤から霊的・スピリチュアルなつながりまで、すべてのレベルで「チ縁」が崩落し、絶縁し、新たな効果的な再建策やグランドデザインを生み出せないでいるのが、今日の現状です。

一条　わたしは、「葬式は、要らない」とか「無縁社会」と呼ばれるような先祖祭祀や祖先崇拝などの観念や紐帯や儀礼が意味と力を持たなくなった状況に強い危機感を抱いてきました。そして、新たな効果的な再建策やグランドデザインを生み出すべく悪戦苦闘しているところです。

鎌田　わたしたちの身体は、「この身このまま」でしかないので、多様で多彩な情報空間の中で拡大・拡散しがちな「非等身大の情報的自己」と、この「等身大の身体的自己」との分裂や齟齬や断裂がまま起きます。「今ここのこの身」とか「等身大」という自覚は、「生態智」という具体的で身体的な知恵ともつながってきますが、わたし自身は、そうした自分の身体拠点から、「支援」というよりも、「これまでのご縁の生かし方」という意味での「支縁」の在り方を考え、実践していきたい。

一条　鎌田先生は二五年も前から、修験道の開祖とされている役行者《えんのぎょうじゃ》をもじって「現代の縁の行者になる」と宣言され、実践されてきました。その「現代の縁の行者」の導きによって、わたしも多くの方々と出会いました。稲盛文化財団の稲盛和夫理事長、宗教学者の島薗進先生、作家の玄侑宗久氏、映画監督の大重潤一郎氏、画家の横尾龍彦氏、造形美術家の近藤高弘氏、写真家の須田郡司氏、天河大辨財天社の柿坂神酒之祐宮司、その他にも数えきれないほど多くの方々にお会いしました。

アップデートする神道について

一条　すこし前に、仏教サイドから仏教の未来展望について新しい問題提起がなされました。今風にいえば、「仏教3・0」、バージョンアップですね。

（1）仏教1・0（檀家制度に支えられた葬式仏教・コミュニティ仏教として形骸化していった日本の大乗仏教）

（2）仏教2・0（瞑想修行の実践的プログラムと実修を具体的に提示したテーラワーダ仏教）

（3）仏教3・0（テーラワーダ仏教による批判的吟味を踏まえて仏教本来の瞑想修行を取り戻した大乗仏教）

以上のようになります。

鎌田　同じ手法で神道を説明してみましょう。

（１）神道１・０（天皇制を頂点とした律令体制以降の神社神道や近代のいわゆる国家神道）

（２）神道２・０（天皇制以前から存在してきた神祇信仰や自然崇拝を中核とした自然神道や古神道）

（３）神道３・０（自然神道を核とし国家神道を内在的に批判突破した神神習合や神仏習合や修験道をも内包する生態智神道）

一条　お見事。鎌田先生は、超一流のコンセプターです。

鎌田　さらに大風呂敷を広げておけば、たとえば天河大辨財天社は、真言密教の「即身成仏」思想や「草木国土悉皆成仏」を謳った天台本学思想を止揚した四次元仏教の確立と実践を「仏教４・０」として展開しているともいえますし、また「生態智神道」を止揚した「惑星神道（地球神道、Ｐｌａｎｅｔａｒｙ　Ｓｈｉｎｔｏ）」を「神道４・０」として未来創造している、その生成の最中にあるともいえます。南方熊楠の神社合祀反対運動や宮沢賢治の羅須地人協会の活動とも共鳴する思想と実践が一九八〇年代以降の天河大辨財天社にはあります。

天河大辨財天社とは、「神道4・0」はおろか「仏教4・0」までを内包した無限の可能性を持った聖地であるといえます。

アップデートする冠婚葬祭について

一条　わたしは、「仏教3・0」「神道3・0」だけでなく、「冠婚葬祭3・0」についても考えるべき時期が来ていると思います。制度疲労を迎えているのは、けっして日本仏教や神道だけではないのです。とりあえず、次のように考えてみました。

(1) 冠婚葬祭1・0（戦前の村落共同体に代表される旧・有縁社会の冠婚葬祭）
(2) 冠婚葬祭2・0（戦後の経済成長を背景とした互助会発展期の冠婚葬祭）
(3) 冠婚葬祭3・0（無縁社会を乗り越えた新・有縁社会の冠婚葬祭）

鎌田　まさに儀式のイノベーションですね。

一条　いま、七五三も成人式も結婚式も、そして葬儀も大きな曲がり角に来ています。現状の冠婚葬祭が日本人のニーズに合っていない部分もあり、また逆にニーズに合わせすぎて初期設定から大きく逸脱して、「縁」や「絆」を強化し、不安定な「こころ」を安定させる儀式としての機能を果たしていない部分もあります。いま、儀式文化の初期設定に戻りつつ、アップデートの実現が求められています。「冠婚葬祭３・０」、さらには「冠婚葬祭４・０」の誕生が待たれているのです。

パワースポットと無縁社会

一条　宗教においては「場」の問題、すなわち「聖地」が重要ですね。

鎌田　聖地とは、「聖なるモノの示現するヌミノーゼ的な体験が引き起こされる場所」であり、そこには「生態智」と呼ぶことのできる知恵と力が宿っているがゆえに長らく祈りや祭りや籠りや参拝や神事やイニシエーションなどの儀礼や修行（瞑想・滝行・山岳跋渉《ばっしょう》等）が行われてきました。

そのような場所は、太古の記憶を場所の記憶として蔵した聖なるものの出現地にして、魂を異界へと飛ばし、つなぎ、浄化し、活性化するタマフリ・タマシヅメの力を持ちます。人間にとって根源的ないのちと美と聖性に関わる宇宙的調和と神話的時間を感じとる場所です。

一条　聖地といえば、昨今の「パワースポットブーム」はどうお考えですか？

鎌田　無縁社会と本質的な部分で共通していると思います。

一条　パワースポットと無縁社会ですか？

鎌田　いずれも「個」あるいは「孤」の問題だということです。

無縁社会は、ある人が社会から隔絶されて孤独になることであり、パワースポットブームは、個人なり少人数の人間がパワーのある場所に行って、エネルギーを得ようとするものです。社会とのつながりや絆と無関係に、パワーを得る。あるいは死んでいく。一人だけの社会、自分一人で生きる時代になっているのです。「個化

＝孤化」ともいえるでしょう。

教義のない宗教

一条　日本人の心の柱となっている三宗教の聖典といえば『古事記』『論語』『般若心経』ですが、最近、わたしには、それらが日本人の「過去」「現在」「未来」についての書でもあるように思えてなりません。

『古事記』とは、わたしたちが、どこから来たのかを明らかにする書。『論語』とは、わたしたちが、どのように生きるべきかを説く書。『般若心経』とは、わたしたちが、死んだらどこへ行くかを示す書。このように考えています。

鎌田　こうも言えませんか。『古事記』とは、日本人の来し方行く末を明示する書。『論語』とは、人間修養を通して世界平和実現を指南する書。『般若心経』とは、迷妄執着を離れて実相世界を往来する空身心顕現の書。

一条　うーん、なるほど。鎌田先生は先に挙げた『現代神道論』（春秋社）というご著書で「スパイラル史観」という言葉を使っておられますね。

鎌田　歴史は光と闇の時代をスパイラル状に繰り返すというのが、スパイラル史観です。「現代は中世と同じである」という「現代中世論」も、「いまは末法という闇の時代」という共通点があります。その原点は小学校五年生のときの体験です。「ご先祖感覚」が怒涛のように流れ込んできました。

おそらく天皇家に生まれた子供や、神主の家柄に生まれた子供も、同じような感覚があるのではないでしょうか。「ご先祖感覚」といっていいかもしれませんが、否応なく先祖の存在を意識させられます。「自分は先祖から数えて何代目」などといわれて育つ。家元の家に生まれた子供も、一般の子供とは違う見方を植えつけられるように思います。自分の人生を超えて先祖たちの物語がいくつも重なり、自分の中に怒濤のように流れ込んでいる。そんな意識があるように思います。

一条　わたしも、礼や儀式に対する関心が自分の中に浸み込んでいると感じます。これは父の影響はもちろんですが、「ご先祖感覚」のせいかもしれません。

鎌田　間違いないと思います。
　わたしたちは、死者の委託を受けて生きています。先祖の委託を受けているといってもいいでしょう。この世に生きるとは、「死者の思い」をどこかで受けとめることです。わたしたちは生きているけれど、半分は死者の想いと重なっているのです。死者の想いとこの世を生きるわたしたちの想いが重なりあい、二重構造のような形で生きていると思うのです。

一条　まったく同感です。この考えこそ、わたしに『唯葬論――なぜ人間は死者を想うのか』（三五館・サンガ文庫）を書かせた原動力であったように思います。

「リメンバー・ミー」から「リメンバー・フェス」へ

鎌田　すべての人間は、死者とともに生きています。日本には祖霊崇拝のような「死者との共生」という強い文化的伝統がありますが、どんな民族にも「死者との共生」

や「死者との共闘」という意識が根底にあり、それが基底となってさまざまな文明や文化を生み出してきたのです。

一条　まさに『唯葬論』のメッセージそのものです。「死者との共生」を見事に描いたアニメ映画があります。ディズニー&ピクサーのアニメ映画「リメンバー・ミー」（二〇一七年）です。第九〇回アカデミー賞において、「長編アニメーション賞」と「主題歌賞」の二冠に輝きました。過去の出来事が原因で、家族ともども音楽を禁止されている少年ミゲルが主人公です。ある日彼は、先祖が家族に会いにくるという「死者の日」に開催される音楽コンテストに出ることを決めます。伝説的ミュージシャンの霊廟に飾られたギターを手にして出場しますが、それを弾いた瞬間にミゲルは死者の国に迷い込んでしまいます。カラフルな「死者の国」も魅力的でしたし、「死」や「死後」というテーマを極上のエンターテインメントに仕上げた大傑作です。

たしか、鎌田先生にも「リメンバー・ミー」をご紹介しましたよね。わたしのおススメ映画に対して、ことごとくダメ出し（笑）する鎌田先生ですが、この映画だけはすごく気に入って下さいました。

鎌田　一条さんに教えていただいた「リメンバー・ミー」には非常に感動しました。哀切極まりない少年と祖父の切実な吟遊の歌心と、死者との交歓！　死者による導きと大いなる和解。ムーンサルトレターにも書いたことがあったと思いますが、この映画を観てわたしは初めてディズニーを軽く見てはいけないと思い知らされました。

一条　わたしは、最近、「リメンバー・フェス」という言葉を提案しました。「リメンバー・ミー」からインスパイアされた言葉です。

鎌田　「リメンバー・フェス」とは、どういう意味ですか？

一条　「お盆」をアップデートした言葉です。あらゆる縁の中でも最も重要な血縁を確認するのが「お盆」です。拙著『供養には意味がある〜日本人が失いつつある大切なもの〜』（産経新聞出版）にも書きましたが、「盆と正月」という言葉が今でも残っているくらい、「お盆」は過去の日本人にとって楽しい季節の一つでした。一年に一度だけ、亡くなった先祖たちの霊が子孫の家に戻ると考えたからです。日本人は古来、先祖の霊に守られて初めて幸福な生活を送ることができると考えていました。その先祖に対する感謝の気持ちを供養という形で表したものが「お盆」です。

神道の「先祖祭り」から仏教の「お盆」へ

一条　「お盆」のルーツは神道の「先祖祭り」にあったとされていますが、それが中国伝来の「盂蘭盆会《うらぼんえ》」と合体して、現在のような「お盆」が生まれました。

一年に一度帰ってくる先祖を迎えるために迎え火を焚き、各家庭の仏壇でおもてなしをしてから、送り火によってあの世に帰っていただくという風習は、現在でも盛んですし、グリーフケアを考える上でも非常に大きな意味を持ちます。

鎌田　そうですね。

一条　それでは、なぜ先祖を供養するのかというと、もともと二つの相反する感情からはじまったと思われます。一つは死者の霊魂に対する畏怖の念であり、もう一つは死者に対する追慕の情。やがて二つの感情が一つにまとまっていきます。死者の霊魂は死後一定の期間を経過すると、この世におけるケガレが浄化され、「カミ」や「ホトケ」となって子孫を守ってくれる祖霊という存在になります。

かくて日本人の歴史の中で、神道の「先祖祭り」は仏教の「お盆」へと継承されました。そこで、生きている自分たちを守ってくれる先祖を供養することは、感謝や報恩の表現と理解されてくるわけです。

ところで、わが社の本業は冠婚葬祭互助会です。毎年、お盆の時期には盛大に「お盆フェア」などを開催して、故人を供養することの大切さを訴えています。しかしながら、小さなお葬式、家族葬、直葬、0葬といったように葬儀や供養に重きを置かず、ひたすら薄葬化の流れが加速している日本にあって、お盆という年中行事が今後もずっと続いていくかどうかは不安を感じることもあります。とくに、Z世代をはじめとした若い人たちは、お盆をどのように理解しているかもわかりません。

拙著『決定版　年中行事入門』（PHP研究所）にも書いたように、お盆をはじめとした年中行事は日本人の「こころの備忘録」であり、そこにはきわめて大切な意味があります。

鎌田　柳田國男は『年中行事覚書』を書き、折口信夫は年中行事のことを「生活の古典」と表現しましたね。その中でも、特にお盆は重要です。

死者を忘れない

一条　わたしたちは、死者を忘れてはならないと思います。

アフリカのある部族では、死者を二通りに分ける風習があるそうです。人が死んでも、生前について知る人が生きているうちは、死んだことにはなりません。生き残った者が心の中に呼び起こすことができるからです。しかし、記憶する人が死に絶えてしまったとき、死者は本当の死者になってしまうというのです。誰からも忘れ去られたとき、死者はもう一度死ぬのです。

映画「リメンバー・ミー」の中でも、同じメッセージが訴えられました。死者の国では死んでもその人のことを忘れない限り、その人は死者の国で生き続けられますが、誰からも忘れられてしまって繋がりを失ってしまうと、その人は本当の意味で存在することができなくなってしまうというのです。

鎌田　そうでしたね。「リメンバー・ミー」はそのへんを見事に表現していました。まさに、「メメント・モリ（死を想え）」のディズニー版でしたね。

一条　「死者を忘れないこと」は、死者へのコンパッションのためだけではなく、わたしたち生者のウェルビーイングのためでもあると思います。もともとお盆に関連した盆踊り、祇園太鼓、花火といったものは死者への「もてなし」でした。でも、生者も楽しむことができます。お盆は故人を供養することの大切さを再確認する大切な年中行事ですが、すでに述べた通り、今の日本にあっては、その存続のために「お盆」をアップデートする必要があります。

「リメンバー・フェス」は、なつかしい亡き家族と再会できる祝祭ですが、都会に住んでいる人が故郷に帰省して亡き祖父母や両親と会い、久しぶりに実家の家族と語り合う祝祭でもあります。そう、それは、あの世とこの世の誰もが参加できる祭りなのです。

日本には「お盆」、海外には「死者の日」あるいは「ハロウィン」など先祖や亡き人を想い、供養する習慣がありますが、国や人種や宗教や老若男女といった何にもとらわれない共通の言葉として、わたしは「リメンバー・フェス」という言葉を提案したいと思います。将来、ニュースなどで「今日は、世界共通のリメンバー・フェスの日です」などと言われる日を夢見ています。

鎌田　「リメンバー・フェス」という言葉は素晴らしいと思います。ただ、それはグランドワードにしてもらって、その中には「お盆」も残してほしいですね。「OBON」でもいいですが。おぼん、こぼん、どぼん、ずぼん、ひぼん、へいぼん、バカぼんとか、いろんなところに連鎖していく「ボン」ネットワークです。

一条　なるほど。「リメンバー・フェス～お盆」とか「リメンバー・フェス～死者の日」「リメンバー・フェス～ハロウィーン」といった具合に行きますか？

第４章
神話と儀礼

一条　この章は、わたしが大好きな神話の世界です。『古事記』をひもとければと思います。具体的には、『古事記』などの儀礼の源としての神話、儀礼が依拠する存在としての神話を概観して、今後の社会変化に神道儀礼はどのように向き合うのか。また、歌の持つ力、宇宙を動かしうる歌という存在や人類および日本人にとっての歌の起源と意味、神道ソングと庸軒道歌、二人が歌い続ける理由などを解き明かせればと……。

鎌田　解き明かさなくても、歌えばいいのでは（笑）。

儒教と神道

一条　神話について触れる前に、まずは、儒教について考えてみたいと思います。

鎌田　ほとんどの人が儒教を倫理道徳だと理解しています。ご多分にもれず、わたしもそのような一人でした。しかしながら、一〇年ほど前に「儒学は道徳の学ではなく、美学である」という認識と意見を韓国で聞いて目を見開かされた経験をしました。わたしは儒教についてずいぶん表面的で一般的な理解しかしていないのではないかとも反省させられました。

一条　この鎌田先生のお言葉は、人類史上で孔子を最も尊敬し、「礼」を求めて生きているわたしにとってこの上なく嬉しいものでした。「おおっ、鎌田先生、やっとわかってくれましたか！」と叫びたい気分でした。

鎌田　わたしは毎朝、石笛や横笛や法螺貝や雅楽の龍笛を奉奏するので、儒学が人倫修養の根幹に「礼楽之道」を置いていることに関心を持っていました。『礼記』『大学』には「修身斉家治国平天下」（自分の行いを正し、家庭を整え、国を治めれば、天下を泰平に導き統治することができるようになる、という儒教の根本思想）と書かれていますが、ではその「修身」とはどのようにして可能かと言えば、同じ『礼記』の「楽記篇」にあるように、「楽は天地の和、礼は天地の序」ですから、天地万物の世界秩序を確かなものとするためには「楽」を奏して「天地の和」を実現しなければなりません。この「楽」すなわち音楽の演奏が単なる楽器演奏に留まらない人間形成、人格修養の道であることを儒学・儒教は一貫して主張し実践し続けてきたのです。

天地人の調和を調律する「礼楽《れいがく》」としての儒学の本質。そして韓国儒学の「養生法」。この道徳的修道と美的・芸術的修練との連携・連動に基づく「儒学は美学である」という主張こそ、未来倫理となり得る思想です。

儒教と儒学

一条　先ほどから鎌田先生は「儒学」と言われていますが、儒学と儒教は違います。古代中国の孔子によって主張された政治道徳思想を「儒教」といい、その後継者によって実践倫理と政治哲学が加えられ、教学として体系化されたものを「儒学」というのが一般です。両者を混用することも多いですが、わたしは区別して使っています。

鎌田　わたしは、「儒学・儒教」と表現することが多いですね。

一条　儒教と儒学の違いについて考えさせられるのが、小林秀雄の名著『本居宣長』です。

鎌田　それは、また、どうしてですか？

一条　小林秀雄は、「近代日本最高の知性」とまで言われた評論家です。その彼が、国学の巨人である本居宣長の生涯と謎に挑戦したのが大著『本居宣長』です。この本の冒頭は、次のような書き出しで始まっています。

「本居宣長について、書いてみたいという考えは、久しい以前から抱いていた。戦争中の事だが、『古事記』をよく読んでみようとして、それなら、面倒だが、宣長の『古事記伝』でと思い、読んだことがある。それから間もなく、折口信夫氏の大森のお宅を、初めてお訪ねする機会があった。話が、『古事記伝』に触れると、折口氏は、橘守部の『古事記伝』の評について、いろいろ話された。浅学な私には、のみこめぬ処もあったが、それより、私は、話を聞き乍ら、一向に言葉に成ってくれぬ、自分の『古事記伝』の読後感を、もどかしく思った。そして、それが、殆ど無定形な動揺する感情である事に、はっきり気附いたのである。『宣長の仕事は、批評や非難を承知の上のものだったのではないでしょうか』という言葉が、ふと口を出て了った。折口氏は、黙って答えられなかった。私は恥ずかしかった。帰途、氏は駅まで私を送って来られた。道々、取止めもない雑談を交して来たのだが、お別れしようとした時、不意に『小林さん、本居さんはね、やはり源氏ですよ、では、さよなら』と言われた」

鎌田　わたしも読書会を主宰して『本居宣長』を読みましたが、なつかしいですね。

一条　冒頭から、いきなり折口信夫と小林秀雄という「知の巨人」同士が絡みます。彼らが語っているテーマは、これまた江戸時代を代表する「知の巨人」本居宣長！この豪華な顔合わせに、わたしの胸は高鳴りました。

鎌田　役者が揃いましたね！

小林秀雄の『本居宣長』

一条　よく知られているように、宣長は激しく儒学を批判しました。そこには、「やまと心」と「漢意《からごころ》」の問題がありました。「言挙げせぬ」神道の精神を重んじる宣長は、理論的な儒学を「あげつらい」の小賢しい学問と見ていたのです。宣長の正面切った古道に関する説としては、『直毘霊《なおびのみたま》』（明和八年成立・寛政二年刊行）が最初です。小林秀雄は「宣長の説く古道の説というものは、特に道を立てて、道を説くということが全くなかったところに、我が国の古道があったという逆説の上に成り立っていた」と書いています。そこで、「皇大御国」を黙して信ずる者の、儒学への烈しい対抗意識だけが、明らさまに語られることとなったのです。

鎌田　当然、人々の論難は、宣長の独断と見えるところに向って集中しますよね。

一条　はい。『直毘霊』を刊行して間もなく、宣長は還暦を迎えます。そして、彼は自画自賛の肖像画を作りました。その賛が、名高い「敷島の　大和心を　人問はば

朝日に匂ふ　山桜花」の歌でした。宣長は国学の専門家として、また生涯に自ら一万首を詠んだ歌詠みとして、よく知っていたこの古歌を取り上げたまでだったのです。しかし、ここに出てくる「大和心」という言葉は、儒学者には耳障りで挑発的な響きを持ちました。

そして、宣長は「漢意《からごころ》」を排斥しました。宣長の師である賀茂真淵がまず、『古事記』などの神典を正しく理解するには古えの心（古意《いにしえごころ》）を得なければならず、その古意を得るためには漢意を除き去る必要があると教えました。この教えは宣長において「漢意批判」として体系化される国学の思想方法論です。

鎌田　はい。

一条　『古事記』の伝承における古えの心（古意）は、漢意を排除することによって明らかにされる日本古代固有の心意といえます。言うまでもなく、漢意とは、外部から日本に導入された漢字文化にともなわれた儒教・儒学に代表される考え方であり、物の見方のことです。漢意の問題は、国学思想のもっとも重要な側面を形作りました。国学とは「日本文化の固有性をもった学問であり思想」ということですが、この固有性への志向は、文化における外来的なものの排除する傾向をともなうわけです。宣長の漢意批判は漢字そのものへの批判にもつながり、漢字によって書かれた『日本書紀』を漢意的な解釈に汚染されたものとして低く評価し、彼が「あるが中の最上たる史典」と呼んだ『古事記』よりも下に位置づけました。

宣長の人生における最大の謎とは?

鎌田　宣長以前は、ずっと『日本書紀』の方が『古事記』よりも上でした。宣長は、千年以上も「久しく心の底に染着たる、漢籍意《からぶみごころ》のきたなきこと」に気づき、『古事記』の「古語のままなるが故に、上代の言の文《あや》も、いと美麗《うるは》しきもの」であることを悟ったのです。

一条　はい。このように、儒学を徹底的に批判した宣長の人生には一つの大きな謎がありました。彼が、書き遺した「遺言書」です。死の一年ほど前の寛政一二（一八〇〇）

年七月に長男の春庭と次男の春村宛に書かれたものですが、日本人の「遺言書」の歴史があるとしたら、その中でも最も異例な、異様とさえいえる内容のものでした。自らの死に備えた「遺言書」といえば、死を迎える者の感慨が何らかの形で書かれていることを予想しますが、宣長の「遺言書」は人の予想をまったく超越したものだったのです。

その内容とは、納棺・埋葬・葬送・葬式・戒名・墓地・祥月などについての詳細な指示書そのものでした。自身の葬儀や墓地のあり方をディティールに至るまで事細かに図入りで指示しているのです。彼は世のしきたりにしたがって葬儀は樹敬寺で仏式で行われることを指示しながら、自分の遺骸は生前自ら定めた山室山の「本居宣長之奥津紀」に前夜内密に葬るように指示しています。

また納棺についても、蓋の閉め方、釘の打ち方まで述べているのです。墓地についての指示に続いて、墓参についての指示があります。さらに毎月の祥月の供え物の内容、祥月に一度は歌会を催すべきであること、歌会の客に対しての支度は「一汁一菜」であることまで指示しているのです。まさに異様としか表現できない「遺言書」なのです。

鎌田　生前の宣長は「死」について、わが国の古えにあって人は「ただ死ぬればよみの国へ行く物とのみ思ひて、かなしむより外」なかったのだとドライに言い切っていますね。

一条　この言い切り方には、死の不安を抱き、仏教に救いを求める世の人々の心を斟酌する趣はいささかもありません。一般に、死に関心を抱かない者は葬儀にも無関心です。唯物論者がその好例です。しかし、宣長の「遺言書」には、偏執的ともいえるほどに葬儀への関心が示されていたのです。

鎌田　なるほど。死んだ後のあの世の問題はあの世におまかせし、この世における死の過程の仕上げである葬儀に思いを集約させた。

小林秀雄と江藤淳の対話

一条　宣長の「遺言書」は大きな謎とされ、小林秀雄の『本居宣長』の冒頭にも出てきます。新潮文庫版の下巻の最後には「『本居宣長』をめぐって」と題する小林と江藤淳の対談が掲載されています。この対談には、次のように「遺言書」の話題が出てきます。

小林　ああいう遺言を書いたという事は、これはもう全く独特なことです。世界中にないことです。それがとてもおもしろい……。

江藤　宣長の葬儀のときには、やはり遺言のとおりにはいかなかったのでしょうね。

小林　それは幕府の奉行所から文句が出て、あのとおりにはいかなかった。空（カラ）で行くというような奇怪な事でして、後で、どういう申しひらきが出来るかという事でね。

江藤　冠婚葬祭といいますが、葬いというものは、やはり人生の終わりの儀式ですから、あらゆる文化の中で葬儀とか葬礼というものは、その文化の表現として重要なものだと思います。たとえば『礼記』の中にも葬いのことは細かく規定されていますが、お葬式というものは大変大切なものだと思います。

（「『本居宣長』をめぐって」より）

鎌田　小林と江藤は宣長の謎の「遺言書」および葬儀について、どう語ったのですか？

一条　二人は、結論を述べていません。江藤の「宣長の学問の一番深いところにつながっている」とか、小林の「あの人の思想のあらわれ」などの簡単なコメントの後、他の話題に移っています。謎は謎のままです。しかし、わたしには思い当たる節があります。江藤淳が述べているように、葬儀や葬礼は重要な文化の表現です。そして、それを細かく規定した『礼記』とは言うまでもなく儒教の書物です。儒教こそは、最も葬礼に価値を置く宗教にほかなりません。

「宣長コード」を読み解く

一条　もうおわかりかと思いますが、宣長の「遺言書」の葬儀についての尋常ならぬ思い入れは、きわめて儒教的なのです。じつは、「遺言書」は葬儀、墓地、墓参についての長々とした指示の後、最後に「家相続跡々物体の事は、一々申し置くに及ばざるに候。親族中随分むつまじく致し、家業出精、家門絶断これ無き様、永く相続の所肝要にて候。御先祖父母への孝行、これに過ぎざるに候、以上」という言葉をもって閉じられています。この最後の言葉だけが、いかにも「遺言書」らしいなどと言われていますが、これはもう明らかな儒教思想以外の何物でもありません。

鎌田　うーん。たしか、宣長の家は浄土宗でしたが、そのあたりも関係しているように思いますね。

一条　わたしは、宣長は学問としての「儒学」は否定しても、宗教としての「儒教」は肯定していていたのではないかと思います。そのように考えると、「遺言書」の謎が解けます。
　宣長の「遺言書」は、まさに儒教思想のエッセンスなのです。儒教の核心は「礼」の思想にありますが、それは葬礼として最高の形で表現されます。日本に儒教が伝来し、それによって律令制度が作られました。しかし、それは、あくまでも「礼」抜きのものでした。宣長は、腹周りの贅肉のようにまとわりつき臍《へそ》である「礼」を隠している儒学的な理論には反発しましたが、「礼」そのものには深い共感を覚えたのではないでしょうか。

鎌田　なるほど。その可能性はありますね。しかし、宣長は「儒学」を否定したというよりも、「漢意」をもって「大和心」を見ることや解釈することを徹底的に批判したわけですね。リンカーンの「人民の、人民による、人民のための政治」という言い方を借りれば、「日本人の、日本人による、日本人のための学道」としての国学を探求しようとしたということです。

一条　宣長は気軽に古歌を取り上げたところ、そこに出てくる「大和心」が儒学者たちを刺激し、彼もまたそれを受けて「漢意」批判を展開したため、儒学批判の象徴的存在とされましたが、その根本の根本において儒教をリスペクトしていたように思えてなりません。

日本史上において「儒学」の最大の批判者であった本居宣長は、「儒教」の最高の理解者にして実践者でもあったのではないでしょうか。葬儀について詳細に指示しつつ、最後は先祖や父母への孝行を指示した宣長の「遺言書」こそは、死の直前にその根本においての儒教肯定をカミングアウトするという、「ダ・ヴィンチ・コード」ならぬ「宣長コード」であったのではないかと思えるのです。

鎌田　「宣長コード」とは、とても面白いですね。

『古事記』とは何か

一条　その宣長は『古事記』を最重視し、大著『古事記伝』を書き上げました。

鎌田　神道の基本をなす書物こそ、『古事記』です。

一条　『古事記』は、よく『日本書紀』と並べられますね。

鎌田　ともに日本の神話が記されており、両書を総称して「記紀《きき》」といい、その神話を総称して記紀神話と呼びます。『古事記』は現存する日本最古の書物であり、『日本書紀』は官撰による最古の歴史書とされます。記紀においては、神話が歴史の中に含められ、神々が姿を現して日本の国を整え、やがて人の歴史へと続く流れを一連の出来事として記載されているのです。

『古事記』は、和銅五年（七一二）に太安万侶《おおのやすまろ》を撰録者として成立したとされます。二〇一二年は、『古事記』一三〇〇年の記念すべき年でした。『古事記』についてのさまざまなイベントが開催され、また関連書籍もたくさん出版されました。

一条　それをきっかけに『古事記』を読まれた方もいるかもしれません。

鎌田　『古事記』に触れたきっかけといえば、わたしの場合、初めて『古事記』に出合ったのは小学校五年生の時でした。

小学校の図書館に置かれていた口語訳の『古事記』を読んだとき、突き抜けたような感覚、至福感が起こったのです。そして、わたしはそこに書かれている内容を「これは真実だ！」と直観し、我を忘れてしまうほど感激しました。わたしは、神話が持ついのちと命、エネルギーに触れることによって、自分自身は渦の中に巻き込まれ、感動の頂点に達してしまったのでした。今にして思えば、一種の神秘体験であろうだと思います。

一条　少年時代の神秘体験は強力ですね。

鎌田　神話とは、壊れるものではありません。簡単に壊れてしまった原子力発電所の「安全神話」なるものは、その意味で、神話の名に値しません。それは幻想であり、イデオロギーであり、詐術でした。イデオロギーは壊れ、変化します。

しかし、神話は壊れることなく伝承されてきました。人類史を貫く根源的な感性や想像力のＤＮＡが神話であり、それはいわばＡＴＧＣのような塩基記号で書かれている原形型的な表象です。神話が壊れるときは人間が壊れるときであり、人類消滅のときは神話が壊れるのです。そして、『古事記』に書かれている日本神話が壊れるときは日本人が消滅するときなのです。

歌物語としての『古事記』

一条　わたしたち二人の合言葉は「人類は神話と儀礼を必要とする」です。まさに神話も儀礼も「身心変容のワザ」であると言えるでしょう。他にも神道には禊・祭りといったワザがありますね。

鎌田　「歌（詩）」というワザの存在があります。一三〇〇年という歴史を持つとされる最古のテキスト『古事記』は歌物語であり、歌謡劇ですが、拙著『古事記ワンダーランド』（角川選書）では、『古事記』をイザナギミノミコトの「負の感情」の鎮めと浄めに発するグリーフケアとスピリチュアルケアの歌謡劇ととらえました。そのキー・キャラクターとなるスサノヲノミコトに始まる出雲神話を「怪物退治と歌の発生」という観点から解読しました。

一条　たしかに『古事記ワンダーランド』では、鎌田先生は『古事記』のことを「歌物語」という言葉で表現されていますね。

鎌田　『古事記』の中には多くの歌が登場します。命を言祝ぐ歌、愛しき人を恋い慕う歌、魂を鎮める歌……じつに一一二の歌が『古事記』には収められています。

一条　神々の息吹（スピリット）が歌で甦ってくる……。

鎌田　一一二首の歌は、古代の日本人たちによって繰り返し歌われ、語られつつ、口承されてきたものがベースになっています。元の伝承は、神聖な雰囲気の儀礼的な場や、にぎにぎしい饗宴の席などで歌われ、朗詠され、唱えられたものでしょう。その際には、舞も行なわれたことでしょう。わたしはそのような「歌物語」をその神髄として持つ『古事記』を、「新世紀エヴァンゲリオン（新世紀の福音の書）」ならぬ「新世紀神話詩」、ないし「新世紀叙事詩」であると位置づけたいのです。

一条　すごいですね。『古事記』をそんなふうに位置づける人は他にいませんよ。

グリーフケアの書としての『古事記』

一条　鎌田先生は、『古事記』を「グリーフケア」の書だとも言われていますね。

鎌田　『古事記』には「女あるいは母の嘆きと哀切」があります。悲嘆する女あるいは母といえば、三柱の女神の名前が浮かびます。

第一に、イザナミノミコト。

第二に、コノハナノサクヤビメ。

第三に、トヨタマビメ。

『古事記』は、物語ることによって、これらの女神たちの痛みと悲しみを癒す「鎮魂譜」や「グリーフケア」となっています。最もグリーフケアの力を発揮するものこそ、歌です。歌は、自分の心を浄化し、鎮めるばかりでなく、相手の心をも揺り動かします。歌によって心が開き、身体も開き、そして「むすひ（び）」が訪れます。

一条　女神たちの嘆きが、歌によって訪れたむすびによって癒やされたということですね。

鎌田　また、他にも『古事記』には、あまりにも有名な「むすび」の場面があります。天の岩屋戸に隠れていた太陽神アマテラスが岩屋戸を開く場面です。アメノウズメの神聖ストリップ・ダンス舞踊によって神憑りして思わず乳房や女陰《ほと》が露出されて、神々の大きな笑いが起こり、洞窟の中に閉じ籠っていたアマテラスは「わたしがいないのに、どうしてみんなはこんなに楽しそうに笑っているのか?」と疑問に思い、ついに岩屋戸を開いてしまうのです。

『古事記』は、その神々の「笑い」を「咲ひ」と表記しています。神々の「笑い」とは、花が咲くような「咲ひ」であったのだ。それこそが「生命の春=張る=膨る」をもたらす〝むすひ〟の力そのものです。この祭りを「むすひ」の力の発言・発動と言わずして、何と言えるでしょうか。

一条　わが社の社名である「サンレー」には、「SUNRAY(太陽の光)」そして「産霊《むすひ》」の意味がともにあります。最近、わが社は葬儀後の遺族の方々の悲しみを軽くするグリーフケアのサポートに力を注いでいるのですが、鎌田先生の『古事記』の説明をお聞きして、それが必然であることに気づきました。なぜなら、グリーフケアとは、闇に光を射すことです。洞窟に閉じ籠っている人を明るい世界へ戻すことです。それが「むすび」につながるのです。

鎌田　現代の岩戸開きというわけですね。

一条　わたしは、「ＳＵＮＲＡＹ」と「産霊《むすひ》」がグリーフケアを介することによって見事につながることに非常に驚くとともに安心しました。

神道ソングライター誕生

一条　歌と言えば、鎌田先生の神道ソングライターとしてのご活動が二五周年を迎えられたそうですね。二〇〇一年、渋谷の「八丈島ゆうき丸」という居酒屋で、わたしが社長に就任した直後、サンレーの社歌を作って下さるようにお願いしましたね。その二時間後にはすでにサンレー社歌「永遠からの贈り物」が完成していたのには、仰天しました。

鎌田　あれは、渋谷から大宮の自宅へ帰るまでに、電車の中で即興で作りました。（笑）

一条　そういえば、先生が最初に作詞作曲した「神道ソング」はなんですか？

鎌田　すべての日本人に捧げる歌「日本人の精神の行方」です。二番目に作ったのが酒鬼薔薇聖斗に捧げる「探すために生きてきた」、三番目に作ったのがすべての一五歳の少年少女に捧げる歌「エクソダス」でした。これら三曲も一晩で作りました。

一条　なぜ、そんなに早く曲が作れるんですか。

鎌田　わたしの曲はもうすでにどこかにあるもので、それをダウンロードするような形で自分の中に引っ張りこんでくるんです。だから、本当は三秒もあればできるのかもしれない（笑）。「でまかせ」「デタラメ」「出稼ぎ」という「3D」がわたしのポリシーなのです。

一条　なんだか、フーテンの寅さんみたいですね。

鎌田　おお、わたしは寅さんの大ファンです。「男はつらいよ」は全五〇作をすべて観ました。あの映画には必ず祭りが登場しますし、けっこう神道的に見ても面白いんですよ。それはともかく、わたしは「出たとこ勝負」というか、「犬も歩けば棒に当たる」というか、ふっと即興的に出たものを形にしているともいえます。

一条　ライターではなく、シンガーとして歌を披露されたときのことを教えてくださいますか。

鎌田　一九九八年一二月に埼玉県浦和市の浦和教育会館で行われたシンポジウムで初めて神道ソングを歌いました。歌の神様というのは、ギリシャ神話ならムーサ（ミューズ）、日本で言えば弁才天なのですが、歌っている最中に、そういう歌の神様たちが「歌っていいよ！」とささやいてエネルギーを注入してくれたような感覚が起こりまでした。そして、会場の方々人もそれをおおらかに受け取ってくれたような反応と感触を得て、わたしの「歌を歌う」ということ、つまり「神道ソングライター」としての活動が始まりました。

一条　ちなみに、わたしが一番好きな鎌田先生の神道ソングは「君の名を呼べば」です。この歌には世界中の宗教の真言（マントラ）が登場します。「南無阿弥陀仏」や「南無妙法蓮華経」はもちろん、キリスト教の「アーメン」やイスラム教の「アラー、アクバル」まで出てくる。初めて聴いたときはマジでぶっ飛び、そしてしみじみと感動しました。「奇跡の名曲」だと思っています。

スサノヲノミコトは不調和

一条　鎌田先生は八百万の神々の中でも、特にスサノヲノミコトに注目されています。

鎌田　スサノヲノミコト（素戔嗚尊または須佐之男命）といえば「荒ぶる神」としてのイメージが強いですが、『古事記』にさかのぼって考えていくと、そもそも歌の始まりは、暴力として発動していく無秩序なエネルギーと同源です。

この世界にはさまざまなエネルギーがありますが、そのままであれば自然界と調和しています。自然界は、時に台風や地震をもたらしたりもしますが、それは大きな意味で、大循環の調和の中にあります。

一条　調和が乱れることもある？

鎌田　時として不調和というか、部分的に激しい不調和的な変動が引き起こされることがあります。ことに、人間が引き起こすある種の過剰な力の発動は、自然界に不調和をもたらす暴力となるわけです。そういう過剰なエネルギーは、わたしたちの心の中にあって、それは常に外に放出されようとしている。特に、人間関係の中で悪として、犯罪として出て行くことがあります。そうした時に、過剰なエネルギーの発動を鎮めたり、コントロールするものには何があるのか。歌は間違いなく、激しい感情をコントロールする一つの方法になるでしょう。そのことが、『古事記』のスサノヲノミコトの物語には、端的に表現されています。

一条　それが歌の役割だということですか。

鎌田　そうです。スサノヲノミコトは、ヤマタノオロチという八頭八尾の大蛇を退治しました。そして、斬り殺した大蛇の一本の尻尾から怪しい光を発するクサナギノツルギを見つけます。スサノヲはこの剣をアマテラスに献上し、天皇家の三種の神器の一つになったとされています。

大蛇を退治した後、スサノヲは愛するクシナダヒメと結婚し、ともに暮らしていくことになります。この結婚により、乱暴な暴力神、荒ぶる神だったスサノヲは初めて、この世界に調和をもたらす神になることができたのです。そして、これから命をつないでいく愛の営みのための御殿を作り、次の歌を詠みました。

「八雲立つ　出雲八雲垣　妻籠みに　八重垣作る　その八重垣を」
この短い三一文字の中に、住居をあらわす「八重垣」という言葉が三回も登場します。八重垣三回で一二文字ですから、じつに全体の三分の一以上が「八重垣」です。ほとんど「ヤエガキ・シュプレヒコール」と呼んでもいいようなこの歌こそは、日本最古の和歌として『古今和歌集』の「仮名序」に紹介されている歌なのです。

一条　歌の力は「結婚は最大の平和である」というわたしの考えにも通じます。

鎌田　他にも、スサノヲの一連の行動には意味があります。

一条　教えてください。

鎌田　「歌と剣がもたらす秩序の両面性」です。

歌は人を生かし、世界に秩序をもたらす。剣がこの世界に一つの粗暴なもの、ヤマタノオロチとして登場してくる荒ぶる力を鎮める外敵な力のコントローラーだとしたら、内的なコントローラーは歌です。歌と剣は、スサノヲの両面性を示しています。子どもの頃は泣いてばかりいた乱暴者が、愛を得て歌い手になる。そのことによって自分の暴力性を鎮めることができた。

紀貫之は先の「仮名序」で「力をも入れずして天地を動かし、目に見えぬ鬼神をもあはれと思はせ、男女のなかをもやはらげ、猛き武士の心をも慰むるは、歌なり」と表現しました。

一条　まさに、これですね。

歌は気持ちをあげてくれる

鎌田　歌の力はまだまだあります。

一条　カラオケの力（笑）もある。

鎌田　カラオケで、よくご一緒しますね。そう、カラオケの力もあります。たとえば、今日仕事に行きたくない、だが行かねばならないと思い悩んでいる時に、歌を歌ったりすると気持ちが良くなって、また意欲が出てきたり、違うテンションになったりします。

一条　大いに納得します。わたし自身、自分の心を鼓舞するために短歌を詠んだり、また思い悩んでいるときにはカラオケでお気に入りのサザンオールスターズや矢沢永吉のナンバーを熱唱すると気持ちが良くなって、また意欲が出てきたり、違うテンションになります。鎌田先生に作っていただいた社歌を毎日の朝礼でみんなで歌うということにも大きな意味があります。まさに、社歌を全員で歌うことは生産性の高さにつながっているのです！

鎌田　朝礼の時に歌を歌うことはきわめて大切です。幼稚園児は登園して歌うことで。テンションをあげています。心の状態をきりかえ整えていくために。

歌や音楽には、心のチャンネルを切り替える力とワザがあります。人類はそういう技法を編み出してきた。

チンパンジーから人に変化していく時に歌うコミュニケーション体系を発達させることによって人類は生存活力を編み出し、言語を発達させることで生存戦略と生存手段を多様かつ有効に展開することができたと思います。

一条　今でいう「ととのう」に歌の力があるわけですね。

鎌田　「歌は宗教を超える」と言っていいかもしれません。歌が万国共通であるゆえんは、「宇宙が歌」であるということに由来します。それは、キリスト教であろうが仏教であろうが、関係ない。そういう、宇宙が歌、音楽である、ということの精神性、霊性を伝えたかったのです。

これは、異教徒であろうが、通じます。キリスト教徒でないわたしたちでも、バッハやモーツァルトやグレゴリオ聖歌を聴いて、心が洗われたり、慰められたり、感動したりします。アメリカ先住民の歌声を聞いても、深いところで心が震えるような気持ちになる。アフリカの歌もそうである。歌は、宗教や人種や民族を超えています。

「宗教」と「礼楽」

一条　わたしは「宗遊」という言葉を使っていますが、鎌田先生の思想に通じると思います。宗教の「宗」という文字は「もとのもと」という意味で、わたしたち人間が言語で表現できるレベルを超えた世界です。いわば、宇宙の真理のようなものです。「もとのもと」を具体的な言語とし、慣習として継承して人々に伝えることが「教え」です。だとすれば、明確な言語体系として固まっていない「もとのもと」の表現もありうるはずで、それが「遊び」なのではないでしょうか。

歌とは、人間の心を自由にするという意味でも「遊び」そのものであり、最も原始的な「もとのもと」の表現ではないでしょうか。

鎌田　「宗遊」は素晴らしい言葉ですね。先ほども述べたように、歌や祈りの言葉は、国境を超え、宗教を超えて、人々の魂、身体に直接働きかける力をもっています。それは、世界を救うための人類の教養といった知的レベルを超えたダイナミックな力動性を宿しているといっていいでしょう。だから、歌は人の心を切り替え、世界のありようの感受のしかたを切り替え、人間の関係性をも切り替えることができるのです。

一条　歌が「人間の関係性をも切り替えることができる」というお話を聞いて、孔子の説いた「礼楽」を連想しました。

鎌田　また儒教ですか（笑）。

一条　神道の話でしたね。すみません。それでは簡単に。

「礼」を重視した孔子は、度はずれた音楽好きでした。

鎌田　そうですね。

一条　「楽は内に動くものなり、礼は外に動くものなり」――音楽は、人の心に作用するものだから内に動く。礼は、人の行動に節度を与えるものだから外に動く。「礼は民心を節し、楽は民生を和す」――礼は、人民の心に節度を与えて区切りをつけるものであり、音楽は、喜怒哀楽の情をやわらげて人民の声を調和していくものである。

音楽は「人間関係を良くする魔法」なのです！

鎌田　この対談の後はカラオケになりそうですね（笑）。

一条　わたしが「礼」を求めている冠婚葬祭人だとしたら、神道ソングライターである鎌田先生は音楽すなわち「楽」の人です。

古いたとえで恐縮ですが、ヤン坊とマー坊が二人あわせて「ヤンマー」になるように、北斗と南が合体して「ウルトラマンA」になるように、ガリ勉と番長が合体して「超人バロム1」になるように、わたしたちは二人あわせて「礼楽」なのです！

鎌田　まさにそうですね。歌は世界、国境を超えて働きかける。宇宙そのものは、国境を持っていないのだから。宇宙は、ピタゴラスの言う「天体の音楽」を振動ないし波動として奏でています。その歌を純粋に感受して歌おうとしたら、国境だけではなく、種族も超えていく。歌は、熊にも通じ、ウグイスにも通じ、カエルにも通じるのです。わたしは神道ソングライターとして、ウグイスを感動させ、カエルもいっしょにピョンピョンと跳ねたり飛んだりするというところまで行きたいと心から思っています。

一条　素晴らしい！

日本人と「見立て」の文化

一条　日本人は「見立て」によって、あらゆるものを象徴的に結びつけ、いろいろなものを重ね撮りするように受け止めていく能力が極めて発達している。鎌田先生は、そのように指摘されていますね。

鎌田　はい。「象徴能力」、あるいは「重ねの能力」とも言えるものです。オリジナリティを守るよりも、どこがオリジナルかわからないという具合にコピーし、それをどんどんつなげていく思考の回路です。

一条　もう少し説明していただけますか。

鎌田　たとえば伊勢遷宮などがその典型です。伊勢の神宮は一三〇〇年以上もの間、二〇年ごとに建て替えられています。「遷宮」という神事です。

現在の伊勢神宮は、形はオリジナルで、素材はコピーである、ということです。実際はコピーではありますが、一三〇〇年以上前の初期設定を大切にするというのは、オリジナルを更新しつつ大切にしているという発想と技法です。

一条　わが社は「初期設定」と「アップデート」の両方を重視していますが、伊勢遷宮などはまさに日本的「初期設定&アップデート」の文化ですね。冠婚葬祭も時代に合わせてアップデートすることが必要だということがよくわかります。

鎌田　先程も話題に挙がりましたが、一条さんは歌を詠まれますよね。和歌の世界の「本歌取り」なども日本的な「重ねの能力」です。本歌、元歌があってバリエーションをいっぱい作っていくというやり方が、歌学としてもずっと行なわれてきました。

俳句もそうです。一つの句や一つのお題をめぐってみんなで詠みつなぎや詠み比べをする「座の文学」であり、能においても重要な作品は『源氏物語』や『平家物語』の一節を引用していることが多いと指摘します。

そういう「引用」そのものが創作の一部であり、オリジナルとバリエーション、コピーの間には大きな区別がないというところが日本人、日本文化の特徴です。

一条　葬儀や供養の世界もそうですね。家族葬が多くなり、手元供養なども心を残しつつ変化していく。

鎌田　歌舞伎や落語の名跡も同じです。市川團十郎とか松本幸四郎とかが、何代にもわたり襲名される。単に名前を受け継いでいるだけではなく、代々伝わっているなにかが乗り移ってくる。初代、二代目……という伝承と記憶と存在の重ね撮りのような重層構造の中にあります。

天皇家はそのような伝承体系の最たるもの、まさに典型であり、象徴と言っていいでしょう。その個人ではなく、複数のものが重なって一人格になっているような生命観、人間観を日本人は持っているのではないでしょうか。

能と詩の世界

一条　今のお話をお聴きして、世阿弥について書かれた先生のご著書『世阿弥――身心変容技法の思想』（青土社）の内容を思い出しました。

鎌田　世阿弥が大きな成功を収めた「複式夢幻能」では、多く、後段でシテ（主人公）

の亡霊が出てきます。自分の本性である「霊」の心境・思いをあらわにし、その痛みや悲しみを吐露・悲嘆し、それを諸国一見の僧であるワキ（脇役）が傾聴し、見届けて鎮魂（成仏）するというスタイルを持っています。そのような、亡霊の悲嘆劇を「複式夢幻能」として編み出した世阿弥にとって、『平家物語』はもっとも重要な文学リソースであり、謡の「根」でありました。

世阿弥は南北朝の戦乱の後に能を大成しています。楠木正成と世阿弥の父・観阿弥は、伯父と甥の関係であったといわれています。また、南朝の敗戦と滅亡は、おそらく世阿弥とその子である元雅の運命や盛衰に深く関わっていたと思います。

一条　世阿弥はこのような出自と経験と時代状況の中で、「申楽《さるがく》」という謡と舞の世界を作り上げていったわけですね。

鎌田　南北朝の後の争乱を鎮め、死者を悼み鎮魂するというライトモチーフが下地にあるので、その題材として平清盛の生涯と平氏の繁栄と源平の合戦による滅亡を中心とした『平家物語』に出てくるさまざまな戦いを題材にとり、戦士の世界、修羅の世界の痛みや悲しみや死や無念・残念を語っています。亡霊たちのスピリチュアルペインとグリーフ（悲嘆）を謡の題材にしているという意味で、能は中世が達成したスピリチュアルケアであり、グリーフケアのワザヲギなのです。

一条　能の正体が「グリーフケアのワザヲギ」とは、すごすぎます！
わたしが短歌なら鎌田先生は詩を詠まれますね。最近も新しい詩集を続々と出版されていますが、先生にとって敬愛される詩人など教えていただけますか。

鎌田　わたしの考える日本三大詩人は、古代の万葉歌人の山部赤人、中世の新古今歌人の西行法師、そして三番目が近世俳人の松尾芭蕉です。さらに、近代詩人をそれに加えると、宮沢賢治が四人目に入ります。
山部赤人、西行（佐藤義清）、松尾芭蕉、宮沢賢治はわたしにとって日本文学史上を貫く最高の歌びとたちであり、その親分がスサノヲノミコトというわけです。

一条　親分がスサノヲノミコトですか（笑）。

神道と礼

一条　わたしが常に心の中に抱いているテーマの一つが、心ゆたかな社会を実現するための「礼」ですが……神道における礼についてはいかがでしょうか。

鎌田　わたしは、「礼能力」という言葉で表現しています。他者を大切に思える能力、つまり、仁や慈悲や愛の力のことです。

一条　たしかに、心ゆたかな社会とは、決してスピリチュアルへの関心が強くなって霊能力が求められる社会ではないと思います。それどころか、安易なオカルト・ブームは、健全な社会にとってきわめて危険であるとさえ思っています。本当に大切なのは、「霊能力」ではなくて、「礼能力」。心ゆたかな社会をつくるための最大のカギこそ、わたしたちの礼能力ではないでしょうか。

鎌田　相手への「思いやり」の心くらい大切なものはありません。

一条　わたしが最近のキーワードとして掲げている「コンパッション」——思いやり

ですね。

鎌田　本当に大切なのは、みんなに礼をする「礼能力」を発達させることではないか、と。おじぎをするという心は、あらゆるものに感謝の心を抱き、みんなに感謝するということです。

神道における「礼」というご質問でしたが、「礼能力」を最大限に活かした宗教とは何か。まずキリスト教の赦しと愛でしょう。もう一つは大乗仏教の慈悲でしょう。大乗仏教の菩薩道です。

一条　わたしは以前、上座部仏教の根本経典である「慈経」の自由訳を行ないました。ブッダの本心が記されたお経です。この「慈経」、もともと音楽として歌いながら詠まれてきたそうです。わたしも歌うような気分で自由訳を試みました。

ブッダの「慈しみ」はすべての人間はもちろん、あらゆる生きとし生けるものに注がれます。わたしも、鳥や草木にも伝わるような言葉での自由訳をめざしました。

鎌田　本当に「祈ること」と「歌うこと」は同じだと思います。

阪神・淡路大震災で変わった死生観

鎌田　日本人の死生観が近年、大きく変容しつつあると感じています。

一条　はい、詳しくお聞かせください。

鎌田　一九九五年に起きた阪神・淡路大震災と、二〇一一年に起きた東日本大震災を比較しても、被害状況や地域の差はあるにせよ、「死生観」の内実が大きく変わっていることがわかります。

一九九五年一月一七日に起きた阪神・淡路大震災では、最大の関心事となったのは生き残った人びとの「心のケア」でした。仮設住宅に暮らす人たちをはじめ、あまりに壮絶な体験から「ＰＴＳＤ（心的外傷後ストレス障害）」を患う人も多数出ました。彼らの心をケアするために精神科医・精神医学者や臨床心理士・臨床心理学者が大いに活躍し、心のケアをいかに行なうかに注目が集まりました。

一条　なるほど。

鎌田　阪神・淡路大震災では神戸という土地柄もあったでしょう。大都市であることはもちろん、日本の中でもっともモダンで、文明開化と向き合ってきたのが神戸です。もちろん死者をどう供養するかということも重要でしたが、それとともに生きている人たちの傷をどう癒すか、生き残った人たちに対して社会がいかに対応するかに、大きな社会的関心が向いたのです。

一条　戦後、日本人が経験した未曽有の自然災害に際して、心のケアという視点が生まれたというわけですね。

鎌田　それから一六年経った二〇一一年三月一一日に、東日本大震災が起こりました。このとき浮かび上がってきたのが「魂のケア」の問題でした。「心のケア」も大事ですが、「死者をどう弔うか」という意識が、大きく前景化してきたのです。この違いの背景には一六年という歳月による、日本の社会の変化があります。

一条　魂のケアですか？

鎌田　そうです。その具体的な「かたち」をどのようなものにするかは今後の大きな課題だと思っています。

変容する葬儀

一条　葬儀についての神道の考え方を見たいと思います。

近年では、葬儀に親類縁者は集まりますが、葬儀と一緒に初七日や四十九日の法要も済ませるのが一般的になっています。

しかし、コミュニティの再建の中で、とくに重要な位置を占めるのが葬儀です。本来、「初七日」とは命日を含めて七日目の法要であり、以後、七日ごとに法要が営まれ、命日から数えて四九日目に「四十九日」の法要が営まれていました。これは、七日ごとに、亡くなった人に対して閻魔大王をはじめとする十王からの裁きが下され、四九日目に死後に生まれ変わる先が決められるという信仰に基づくものでした。故人が地獄、餓鬼、畜生、修羅などの世界に落ちることなく、極楽浄土に行けることを祈って法要が行なわれるのです。

鎌田　「四十九日」の法要までが忌中で、神社への参拝や慶事への出席などは遠慮する習わしです。

一条　仏教的な習わしと神道的な習慣と交差しますね。

鎌田　現代社会では親類も遠くに住んでいますし、仕事などの都合もいろいろありますから、七日ごとに法要するなどというのは現実的ではありませんし、四九日目に集まるのも大変です。葬儀の日に「四十九日」の法要まで済ませてしまうというのは、たしかに合理的な考え方でしょう。しかし同時にそれは、それこそ伝統的に信じられてきた閻魔大王の裁きのスケジュールをこちらの都合に合わせてしまうことでもあり、それだけ地獄観念が希薄化し、空洞化しているということでもあります。

一条　現代人の勝手な都合（笑）。

鎌田　初七日や四十九日に集まり、顔を合わせるといった濃密なつきあいは、物理的にも困難になり、失われています。とはいえ、供養の形は崩せない。だから葬儀だけで済ませず、名目上は初七日や四十九日法要もやる。言葉は残っているけれども、実態はなくなっている。ここに日本人の死生観の変化の一端が見えます。

一条　これからの供養の在り方については『供養には意味がある』（産経新聞出版）

での意義と必要性を書かせていただきました。

鎌田　拝読させていただきました。

宮崎アニメ・「君の名は。」・「シン・ゴジラ」

一条　鎌田先生といえば、「風の谷をナウシカ」からはじまる一連の宮崎アニメを語る宗教哲学者として知られていますよね。

鎌田　同じ宮崎駿監督のアニメでも、一九八八年公開の「となりのトトロ」と二〇〇一年公開の「千と千尋の神隠し」では、世界観がまるで違います。「トトロ」は昭和三〇年前後の話とされます。まだ地域共同体が生きていて、ご近所同士が支えあって暮らしが営まれている時代の物語です。一方、「千と千尋」は平成日本が舞台です。バブル崩壊後、地域の絆も、浮かれたテーマパークのようなものも全部壊れて廃墟のようになった時代で、孤立死や孤独死に近い世界です。

一条　「死」が共通のテーマだと。

鎌田　戦後五〇年の間に、社会構造や地域共同体のあり方に、これだけ差ができたのです。いままでの共同体的な死の迎え方が、孤立死の方向にどんどん向かい、隣の人が亡くなっても気づかない社会――。

いま医療や介護の現場で、地域で包括的に支援やサービスを行い、認知症の患者や独居老人の看取りまでを視野に入れる「地域包括ケア」の必要性がいわれていますが、これは「コミニュニティの再建」が、現下の大きな課題としてあがってきていることの、一つの大きな証左でしょう。

一条　二〇一六年の日本では、「君の名は。」「シン・ゴジラ」という二本の映画が大ヒットしましたが、共通していたのが、「死」や「破壊」を真っ正面から深く描いていた点だったと思います。

鎌田　わたしも観ました。たしかに、死がテーマだと感じましたね。

一条　「君の名は。」は神社が重要な舞台で、「産霊《むすひ》」が大きなテーマになっています。主人公の女の子は巫女であり、鎌田先生向きの作品ではないかと思ったのですが、鎌田先生の評価はもう一つでしたね。

鎌田　残念ながら、わたしの感想は「イマイチ」でした。一番のネックは、見知らぬ高校生の少年少女が、彗星来訪の影響からか、夢の中で転換するのはファンタスティックで面白く、カルデラ湖の中の島の巨石聖地もそれなりによいのですが、最後の最後で再会できる時間転換のメカニズムがわかりませんでした。その不明確さによって、全体の複式夢幻能的なファンタジーが泡のごとく消滅してしまう頼りなさの中に落ち込んでいきました。この「夢幻物語アニメ」を楽しむどころか、「なんだよ〜、これは！」という腹立たしい思いで映画館を出たことは事実です。

一条　うーん、鎌田先生に映画を薦めるのは本当に難しい。

鎌田　こんなことをいうと、ファンの方に叱られるかもしれないし、著書にも書きましたが、またその時間転換も実はこれこれのメカニズムで起こっているのだという次元錯綜・接続の根拠があるのかもしれませんが、わたしには不可解で、不愉快でした。

「むすび」についての説明も、宮水神社の伝承も、町長をしている婿養子の三葉の父親も、しぶしぶ巫女を務めている三葉と妹の四葉についても、イマイチ、ピンとは来ませんでした。

一条　「シン・ゴジラ」はいかがでしたか？

鎌田　シン・ゴジラはみんなに嫌われて、排除される。国家に「駆除」されるのですから、最高に悲しい存在です。その意味で、わたしは初代ゴジラよりも今回のシン・ゴジラに、いっそうの悲しみを感じました。

一条　たしかにそうですね。

鎌田　無縁化した現代社会における、まさに無縁の象徴のように見えました。誰ともつながらず、誰にも理解されず、ただ「俺たちの世界から出ていけ！」と排除されるシン・ゴジラは、いわば最大の難民です。

いま世界中に、難民問題という同じような状況があります。理解も共感もない悲しみが、世界中に強くあります。社会的怨念や憎悪が生まれやすい状況が増えていて、「シン・ゴジラ」の世界観と似たものを感じます。

『鬼滅の刃』と神道

一条　漫画やアニメの世界を見た場合、『鬼滅の刃』の登場はやはり一大事件であると思うので、少し触れたいと思います。同作は社会現象ともいえる大ブームを巻き起こし、最終話を掲載したコミック二三巻の初版部数は三九五万部を記録。映画「劇場版『鬼滅の刃』無限列車編」は、興行収入国内歴代一位という金字塔を打ち立てました。

鎌田　一条さんは『「鬼滅の刃」に学ぶ』(現代書林)という本を書かれましたね。

一条　はい。「先祖」と「祭り」をキーワードに、『鬼滅の刃』がなぜコロナ禍の中で大ヒットしたのかを考察しました。そして、そこには日本人の「こころ」の三本柱である神道・儒教・仏教の影響を見ることができます。

日本人の「こころ」を支えてきた思想のうち、儒教・仏教が海外に端を発するのに対し、日本固有のものとして発生したのが神道です。神道はこれら外来の思想、特に仏教と深く交わりながら紆余曲折を経て発展し、今日に続いています。

わたしは同書で、神道の特徴と他の思想との関連を次のようにとらえました。

まず神道の特徴は、儒教や仏教、あるいは世界宗教であるキリスト教やイスラム教には最初にその教理を唱えた者＝創唱者がいるのに対し、自然発生的に、言い換えればいつの間にかこの日本列島に発生していたことでしょう。

そのため、神道は明確な起源があるわけではありません。長い歴史の中で、日本人の中で次第に培われてきた宗教であり、思想であるといえます。日本固有の信仰といいつつも、現在、わたしたちが神道といわれてもいまいちピンとこないのは、この自然発生的な側面が大きく作用しています。つまり、誰かが整理した、ここからここまでが神道ですよ、という規格がないことが大きな理由となっています。

ここに加えて、神道がさまざまな宗教や思想と混交されてきたことも大きいです。

そもそも、神道は日本列島に住む人々が自然に共有していたものでした。それはたとえば、稲作の成功や新穀の収穫を神に感謝する祭りを催すというかたちであらわれていましたが、神道が論理的側面を強く持たないという特徴と相まって、その存在はあまり意識されるものではなく、「なんとなく日常にある」ものだったのです。けれど、その状況は仏教の伝来によって大きく変化します。仏教という外来の思想が渡来したことによって、それまで国内にあった思想が意識されるようになり、ようやく神道という語も誕生します。その後、神道は仏教の興隆と共にその論理体系の中に組み込まれますが、完全に取り込まれたわけではなく、仏教の「日本的」変化に一役買うと共に、修験道など、両者のハイブリッド的宗教も誕生しました。

神道と仏教が同じような宗教として、いうなれば一緒くたにされた状態＝神仏習合は明治維新まで続き、わたしたち日本人の精神性や風習に大きな影響を残しています。

また、神道は儒教・儒学、特に徳川幕府の支配体制を支えた朱子学とよばれる儒学とも関わりをもち、両者の混血ともいうべき思想が誕生しています。

本来、水と油ともいうべき現世志向の儒教と来世志向の仏教が同じように習合できるというのも不思議な話ですが、それは現代にも続く、統一的な教義をもたないという神道の伝統によるところが大きいと思います。この点によって、神道は大きな寛容性を獲得すると共に、その構成要素――たとえそれが、本来全く異なる宗教や哲学であっても――を多様に活用できるという性質を持っています。わたしたち日本人が初詣に神社へ参詣し、キリスト教式の教会で結婚式を挙げ、仏式で葬儀をするなどという宗教のごった煮状態が社会常識的に許容されているのは、こうした特色をもつ神道が、意識こそしないものの、われわれの基層に存在していることが大きく関与しているからだとわたしは考えます。

鎌田　神道は「道の宗教」で、儒教も仏教もキリスト教もみな「教えの宗教」です。神道は「言挙げしない宗教」、儒教も仏教もキリスト教もイスラームもすべて「言挙げする宗教」で、言葉が重要です。もちろん、神道においても言葉は重要ですが、それは「草木もよく物言う」言葉であるとか、「生きとし生けるもの、いづれか歌を詠まざりける」（『古今和歌集』仮名序）とかという神話や歌の言葉ですね。

その両者が、どこかどう違うかと言えば、開祖や教祖がいるかどうかとか、教えとその実践に基づく教団とか学派（スクール）とかを形成しているかとか、担い手たちの協働性が氏子という地縁共同体であるか教えや開祖・宗祖・教祖への帰依と信頼に基づく智縁共同体であるかという違いもあります。

いずれにしても、神道は、ご指摘のとおりきわめて曖昧模糊とした宗教で、それは「宗教」と言えないという議論もずっとあるほどです。だからこそ、自分とはまるで異なる仏教や儒教とも不思議な接着剤で結びついて、何食わぬ顔で生き続けてきたのです。その鵺《ぬえ》のような生命力はさすがに「むすひ」力一〇〇％全開です。

それから、神道はよく「汎神論」とか「アニミズム」とかと言われることがありますが、そもそも『鬼滅の刃』の表現形態である「アニメーション」という媒体の性格も、なかなかおもしろいですよね。アニメーションは、アニミズムと同語源ですから。この「アニマ」というのは、ギリシャ・ラテン文化のキーワードの一つで、たましいを表わすギリシャ語の「プシュケー」のラテン語になり、霊魂とか生命を意味します。だから、「アニミズム」は森羅万象に生命や霊魂を見る信仰や思想となり、「アニメーション」とは森羅万象にいのちを宿らせるとかたましいを吹き込むという意味合いがあります。そのアニメーションが日本でこのように大発展するというのも、文化的必然のように思います。

『鬼滅の刃』と祭りと神話

神道を構成する第一の要素は祭りだと思います。神道は祭りの宗教とも称されますが、神道は明確で統一的な教義を有していない半面、祭りというかたちで、対象となる神への信仰があらわされることがほとんどです。

それは大きなものでは大嘗祭《だいじょうさい》のような国家の祭礼から、街角の小さな祠《ほこら》のものに至るまで同様です。わたしたちの多くは、こうした祭りやそれを行なう場所としての神社、あるいは祭りに何らかのかたちで関連して発達した日常の所作や神楽などの芸能に代表される風習を通じて神道と関わりあうことが多いですね。

神道を構成する要素としてわたしたちの耳目に触れることが多いもののもう一つが神話です。神道の神話は『古事記』『日本書紀』などをはじめ、『風土記』などに記された他、『万葉集』などの歌集にも記されています。そこには日本の国土の成り立ちから、神々の名前や活躍などが描写されており、古代の日本人がどのように

「神」をとらえていたかを今日に伝えてくれています。こうした特質を持っている神道とその要素は、わたしたちにとって比較的身近で、なおかつ柔軟で取り入れやすいという性質から、創作の世界にも多く採用されてきました。

『鬼滅の刃』もその一つの例ですが、ここに登場する神道的な要素で最もわかりやすいのが、ヒノカミ神楽でしょう。ヒノカミ神楽とは、竈門《かまど》家の長男である主人公・炭治郎が父・炭十郎から耳飾りと共に受け継いだ、竈門家に代々伝わる厄払いの神楽とそれを舞うための呼吸法です。新年の始まりに、雪の降り積もった山頂において一二の舞型を、一晩中にわたって何百、何万回と繰り返して奉納することで、一年間の無病息災を祈ります。

神楽とは、神社や一部の寺院で神祭に際して奏される芸能の総称で、招魂や鎮魂を目的としています。神楽では神座《カムクラ》を設けて神々を招き、鎮魂・清め・祓いなどを行いますが、このカムクラが転訛してカグラになったといわれています。

その伝承としての起源は、『古事記』『日本書紀』の天の岩戸隠れの折、身を隠した天照大神を呼び出すために舞ったアメノウズメにあるとされ、宮中から民間まで、社会階層的にも広範囲で行なわれていました。神楽は単なる舞ではなく、様々な要素が複雑に絡み合って構成される宗教文化であり芸能文化ですね。

　神楽は人間の生命力の強化と復活をはかるために行なわれましたが、同時に死者の霊や祖霊を鎮めるためにも行なわれていました。近年ではこうした神楽は衰退していますが、通夜・葬儀などの葬送や新盆・年忌法要などで一般的に行なわれるものでした。生者・死者、両方のために神楽の祭りは行なわれ、祈禱や酒宴が催された後、神を送り出すという定型が日本にはあったのです。

鎌田　「ヒノカミ神楽」というのは、なかなか意味深ですね。神楽とか厄払いとかという神道の伝統と、呼吸法という仏教の修練法が結びついていますね。でも、どちらも、「ヒ」とか「イキ」という大自然のちからをわが身に取り込んでシェアーし合い、エンパワメントし合うという点では同じです。

ヒノカミとは何か

一条　多くのメディアで指摘されるとおり、ヒノカミとは「火の神」であり「日の神」であることは物語から類推できました。ちなみに、これが『古事記』『日本書紀』の時代であれば火と日の発音は異なったといわれているため、どちらか一方に語源を求めることができますが、ヒノカミ神楽の成立は戦国時代以降と思われ、両者の混同があっても不思議ではありません。

前者の性格としては『鬼滅の刃』の、作中でもあった切り火のように火が持つ清浄をもたらす力、魔を破る力にフォーカスし、なおかつ火が必ず何らかの媒体を通じてつなげられていく性質をして、いろいろな物事をつなげていくという役割があります。これは炭治郎が物語を通じて果たしていく役割であり、火の神としての性質を投影したものではないでしょうか。

後者も同様に、日の神＝太陽の神＝天照大神は、神楽の淵源となった『古事記』『日本書紀』などにみえる天の岩戸伝承で舞を捧げられた存在であり、神楽という芸能とも不可分です。その上、天の岩戸を出て再び世界を照らすことで、日本の国土に満ちていた悪神たちを平らげたとの伝承もあるように、鬼に限らず邪な存在を退け、新たな時代の到来を実現したことのメタファーでしょう。

この二つの解釈に合わせ、わたしは「霊《ひ》の神」という理解を提示しました。『日本書紀』には「火産霊《ほむすび》」という神が登場します。この名称はホ・ムス・ヒからなり、ホは火、ムスは物事が生じること、ヒは霊的な力を指します。火が様々なものを生み出すことから、そこに目に見えない力があると考えて神に捧げた名前でしょうが、ここでいう「ヒ」、霊的な力の神がヒノカミなのではないでしょうか。

一般的にこの「ヒ」が用いられる場合はタカミムスヒ・カミムスヒ・ワクムスビなど、「霊的な力が働く対象」とヒで用いられることがほとんどで、単に「霊《ヒ》の神」といいますと、何に対して働く霊力を持っている神なのか不明になります。

しかし、ヒノキの語源の一つとして考えられている「霊の木」の例をみれば、単に「ヒ」という例がないわけではありませんし、（自分たちにとって）特別な力を持つ神との意味で「ヒノカミ」と呼んだのかもしれません。
ちなみに、作中では、最終盤にそのルーツについても描かれています。重大なネタバレになるので言及は避けたいと思いますが、こうした考察が巡らせられるのも、『鬼滅の刃』という作品がしっかりと神道的文脈に沿っているからです。

鎌田　なんだか、半村良の伝記ＳＦの傑作『産霊山秘録』を思い出させますね。一九七三年に早川書房から単行本で出た『産霊山秘録』はわが愛読書の一冊で、「飛稚」という名前の「ヒの一族」の少年が主人公です。そしてそのヒの一族の長は「随風」という名ですが、実は天台宗中興の祖で、徳川家康や秀忠や家光のブレーンとなった天海大僧正のことで、明智光秀はその兄弟という設定となっています。
それだけでも、ワクワクものですが、なんと、そのヒの一族が「高産霊神」の末裔で、「御鏡・依玉・伊吹」という三種の神器を伝承してきたのですよ。もともと、天皇を助ける忍びのような一族だったのですが、明智光秀の密使のような飛稚はテレポートで比叡山焼き討ちから昭和二〇年三月の東京大空襲に時空移動して、その後終戦になったりするという実に面白い奇譚ナラティブなんですよ。

『鬼滅の刃』の作者が半村良の『産霊山秘録』を読んでいたかどうかはわかりませんが、私の中ではかなりよく似たナラティブの文脈に入ってきます。

日本神話のアップグレード

一条　昨今、インターネット上を中心に、『古事記』『日本書紀』などの日本における神の伝承と『鬼滅の刃』を結びつける論は少なくありません。いわく、鬼舞辻無惨《きぶつじむざん》のモデルはイザナミであるとか、鱗滝左近次《うろこだきさこんじ》はサルタヒコであるとか、錆兎《さびと》と真菰《まこも》は因幡の白兎であるとか、鬼殺隊にメッセージを届ける鎹烏《かすがいがらす》は八咫烏《やたがらす》であるとかの指摘です。中には牽強付会《けんきょうふかい》と思われる強引なものもあるのですが、日本人の「こころ」の初期設定ともいえる『古事記』『日本書紀』と、アップデートともいえる『鬼滅の刃』を重ね合わせる試みが絶えないというのも、ある意味で愉快な話です。

実際、『鬼滅の刃』の要所要所には神道的要素が散りばめられています。『鬼滅の刃」に学ぶ』に書いたポイント以外にもいくらでも指摘することはできます。しかし本当に注意しなければならないのは、エピソードに見える表層の出来事よりも、『鬼滅の刃』に込められている、日本人が代々受け継いできた神道のエッセンス的な側面ではないでしょうか。

そもそも、人間が考えつくことにはどうしても限りがあります。比較神話学などの成果のとおり、人間が創り出せる思想には限界があるのです。それが時代の差があるとはいえ、似通った文化・風土の中で構成されたものであれば尚更です。だからこそわたしは、『鬼滅の刃』と神道の関係を見たとき、そこに描写されている人間や魂の在り方にこそ注意すべきではないかと考えるのです。

それは例えば、神への認識であり、祭りの持つ力であり、転生という魂のゆくえであり生成発展という民族の目標なのではないでしょうか。

そのようなものに注目したとき、『鬼滅の刃』は『古事記』『日本書紀』に記され、祖先が後世の者たちに伝えようとした内容――転生や魂のありかたを通じて命には続きがあること、世代を超えて受け継がれる志のあり方から、すべてのものは変わりながら続けられていくべきなのだとの観念――が凝縮された書物なのではないかとすら思えます。

あえていうならば、現代日本人にとっての神話であり、日本神話のアップグレード。それが『鬼滅の刃』という物語なのかもしれません。

鎌田　日本神話のアップグレードというか、ナラティブ応用は、ゲームとかマンガとかアニメとかでも非常に盛んになりましたね。それは、一九八四年に「風の谷のナウシカ」が出て以来、一九八〇年代後半から顕著になってきたと感じています。私が最初の本『水神傳說』（泰流社）を一九八四年一月一日に刊行し、『神界のフィールドワーク――霊学と民俗学の生成』（創林社）をその翌年の夏に出した頃から、そのような動きが顕著になってきたと思っていました。そして、それは日本が高度経済成長を遂げて、バブルがはじけ、阪神淡路大震災やオウム真理教事件が起こった後も、潜伏するように続いてきて今日に至っているように思います。

しかしながら、それは同時に、日本の地域の過疎化や限界集落化や「失われた三〇年」の深刻な進行と同期し、並行していた現象でした。またそれは、まさに「天岩戸隠れ」のような地球環境の悪化とも連動しています。そんなビッククライシスをナラティブ突破する神話的思考を無意識に求めていたような気がしてなりません。

鬼滅ブームは夏祭りと盆踊りの代わりだった？

思えば、コロナ禍の真っ只中だった令和二年の夏は極めて異常なものでした。新型コロナウイルスによってあらゆる行動が制限を受け、ビフォー・コロナ通りの行動をそのまま継続できた例はほとんどなく、さまざまなことが「密」を避けるために変化を求められました。これは夏に行なわれる祭事、すなわち夏祭りや盆踊りも例外ではありませんでした。全国の花火大会もコロナ禍を要因に中止されました。

民俗学者の畑中章宏氏は、「日本の人々がこれまで続けてきた祭りのほとんどは、祖霊を供養するためと、疫病除去の祈願のためだったといっても言い過ぎではない」

と指摘しています。確かに、日本の祭礼の目的は（稲の豊作祈願を含めた）祖霊祭祀と病疫除去にあったと考えて間違いないでしょう。そして、その中でもいわゆる夏祭りは、病疫退散が主たる目的といえるものが少なくありません。これは夏という季節が、暑さによる人間の生命力低下とともに、病魔が広がりやすくなる季節であることが理由として挙げられます。

しかし、現実はコロナ禍により、ことごとく祭礼が中止されました。その中で生じる最大の問題は、夏祭りや盆踊りが担っていた祖霊祭祀と病疫除去という役割を、誰が担うのかというものでした。その答えの一つが、わたしは『鬼滅の刃』という作品だったと思います。

夏祭りは先祖供養であると同時に、疫病退散の祈りでした。それが中止になったことにより、日本人の無意識が自力ではいかんともしがたい存在である病の克服を願い、疫病すなわち「鬼」を討ち滅ぼす物語であり、さまざまな喪失を癒す物語でもある『鬼滅の刃』に向かった側面があるのではないかと考えたのです。

鎌田　確かに、一条さんが指摘してくれたような点もあると思いますが、わたしはもっと大きな危機感が潜在している中での突破口の求めだと思います。神秘主義の用語に「魂の暗夜」という言葉と状況がありますが、絶体絶命に行き詰った状態、つまり、「魂の暗夜」を潜り抜けないとその後の開けはない、ということです。「鬼の目にも涙」ではありませんが、「福は内、鬼は内」と唱えてきた天河大辨財天社の「鬼の宿」の特殊神事ともつながるような、トンネルを抜けて光を見る希求があるように思います。

現代社会は「大中世」

鎌田　現代の日本は「大中世」とも言うべき激動と混迷の乱世の時代です。

一条　先ほど触れられた、四つのチ縁の崩壊現象とその再建への課題ですね。

鎌田　はい。大中世は四つのチ縁——地縁・血縁・知縁・霊縁の崩壊現象として現れてきます。物質的基盤から霊的・スピリチュアルなつながりまで、すべてのレベルでチ縁が崩落するわけです。これに対し、新たな効果的な再建策やグランドデザインを生み出せないでいるのが今日の現状です。

一条　まったく同感です。

わたしも、「葬式は、要らない」や「無縁社会」などは亡国のキーワードであると思っていました。そのようなところへ、二〇一一年三月一一日に東日本大震災が発生しました。「葬式は、要らない」「無縁社会」といった妄言は、Ｍ９の大地震が粉々に砕き、大津波が流し去ってしまった観がありました。遺体も見つからない状況下の被災地で、多くの方々は「普通に葬式をあげられることは、どんなに幸せなことか」と痛感したはずです。

やはり、葬式は人間の尊厳に関わる厳粛な儀式であり、遺族の心のバランスを保つために必要な文化装置であると確信します。鎌田先生は、東日本大震災の発生は、ご自身の「世直し」への想いを強められたのではありませんか。

鎌田　日本の宗教史において、この「世直し」という言葉がリアリティを持っていたのは幕末維新期でした。その流れを受けた大本教——一般には「大本教」と呼ばれていますが、正式教団名は「大本」です――この「民衆宗教」でも「世の立て替え立て直し」とか「世直し」の語が喧伝され、社会変革の運動となりました。「世直し」という言葉はもともと「縁起直し」の意味で用いられ、江戸時代には「世直し大明神」も祀られたといいます。

たとえば、「世直し大明神」とされたのは佐野善左衛門政言という旗本でした。天明四（一七八四）年、老中田沼意次の子、若年寄の田沼意知が江戸城中で佐野政言に斬りつけられ、数日後に死去しますが、田沼意次の圧政に苦しんでいた江戸の庶民は、切腹を命じられた佐野政言を「世直し大明神」として祀りました。

一条　わたしも「世直し」には深い関心があります。わが世直しのキーワードは、「天下布礼」です。この語の「礼」には「人間尊重」という意味が込められています。しかし、つねづね鎌田先生は「『人間尊重』は『人間偏重』に通じる危険がある」と言われていますね。

鎌田　現代世界において、人間だけに都合のよい「世直し」をするだけでは真の「世直し」とは言えません。かつて「人類愛善会」を作った出口王仁三郎の「人類」は、

「人群万類」を意味したといいます。つまり、大本の説く「愛善世界」とは、「万教同根」思想に基づき、戦争のない世界のみならず、人種や宗教間の敵愾心を超えて和み合い、動物も植物も、草木花に至るまで万物がみな親和し合う「人類万類愛善」でした。

一条　わたしも、あらゆる宗教の源は同じであるという「万教同根」、あらゆる生きとし生けるものの源も同じであるという「万類同根」を信じています。

歌と儀式がめざすもの

鎌田　先ほど一条さんが紹介されましたが、国学者の本居宣長に「敷島の　大和心を人問はば　朝日に匂ふ　山桜花」という歌があります。日本の「こころ」というものは、端的に言って、朝日の当たる里山で山桜の花がほのかにつつましくもきよらかに香っている、そのような「心」こそが「大和心」といえるような日本人の心なのです。
これが、神道における最重要儀礼のひとつの「禊・祓」に様式化されていく感覚基盤です。清めの観念と儀礼は、このような「朝日に匂ふ山桜花」に象徴されるような純粋始源を本位とする「潜在教義」に裏打ちされています。

一条　宣長のあの有名な歌にそれほど深い意味があるとは知りませんでした。

鎌田　神道とは、このような「潜在教義」性を持った「感覚宗教」であり、「芸術・芸能宗教」である。その感覚性や芸術・芸能性が、「祭り」という身心変容儀礼のワザとなっていく。「祭り」の主旨は、祭祀という「ワザヲギ」による生命力の更新・復活にあります。その神話的起源が、天の岩戸の前で行われた神々による神事として、『古事記』や『日本書紀』や『古語拾遺』の中に語られています。その神事は、天の岩戸に隠れた（象徴的な死を意味する）天照大御神を甦らせ、再顕現させるために行われました。つまるところ、「死と再生（復活）」がメッセージとして表現されています。

一条　歌というのは「こころ」を「かたち」にしたものですが、それは儀式も同じだと思います。「かたち」には「ちから」があります。つまり、儀式には力があるのです。わたしは、儀式の本質を「魂のコントロール術」であるととらえています。儀式が最大限の力を発揮するときは、人間の魂が不安定に揺れているときですね。まずは、この世に生まれたばかりの赤ん坊の魂。次に、成長していく子どもの魂。そして、大人になる新成人者の魂。それらの不安定な魂を安定させるために、初宮参り、七五三、成人式などがあります。

結婚式と長寿祝い

一条　結婚にまつわる儀式の「かたち」にも「ちから」があります。拙著『結魂論』(成甲書房)に書いたように、もともと日本人の結婚式とは、結納式、結婚式という二つのセレモニー、それに結婚披露宴という一つのパーティーが合わさったものでした。結納式、結婚式、披露宴の三位一体によって、新郎新婦は「結魂」の覚悟を固めてきたのです。今では結納式はどんどん減っていますが、じつはこれこそ日本人の離婚が増加している最大の原因であると思います。

日本人の冠婚葬祭の「かたち」を作ってきた小笠原流礼法は「結び」方というものを重視し、紐などの結び方においても文化として極めてきました。結納とは「結び」を「納める」こと、まさに結納は「結び」方の文化なのです。

そう、結納によって、新郎新婦の魂、そして両家の絆を結ぶのです。それは、いわば「固結び」と言えるでしょう。現代のカジュアルな結婚式とは、いわば「チョウチョ結び」なのです。だから見た目はいいけれども、すぐに解けてしまうのです。つまり、離婚が起こりやすくなるのですね。結納こそは、新郎新婦の魂を固く結び、両家の絆を固く結ぶ力を秘めています。

鎌田　そのあたりは第二章の神前式の話にもつながりますね。

一条　そして、老いてゆく人間の魂も不安に揺れ動きます。なぜなら、人間にとって最大の不安である「死」に向かってゆく過程が「老い」だからです。しかしながら、拙著『老福論』（成甲書房）に書いたように、日本には老いゆく者の不安な魂を安定させる一連の儀式があります。

鎌田　長寿祝いのことですか？

一条　そのとおりです。

六一歳の「還暦」、七〇歳の「古稀」、七七歳の「喜寿」、八〇歳の「傘寿」、八八歳の「米寿」、九〇歳の「卒寿」、九九歳の「白寿」、などです。そのいわれは、次の通り。還暦は、生まれ年と同じ干支の年を迎えることから暦に還るという。古稀は、杜甫の詩「人生七十古来稀也」に由来。喜寿は、喜の草書体から。傘寿は、傘の略字が「八十」に通じる。米寿は、八八が「米」の字に通じる。卒寿は、卒の略字の「卆」が九〇に通じる。そして白寿は、百から一をとると、字は「白」になり、数は九九になるというわけです。

沖縄の人々は「生年祝い」としてさらに長寿を盛大に祝いますが、わたしは長寿祝いにしろ生年祝いにしろ、今でも「老い」をネガティブにとらえる「老いの神話」に呪縛されている者が多い現代において、非常に重要な意義を持つと思っています。それらは、高齢者が厳しい生物的競争を勝ち抜いてきた人生の勝利者であり、神に近い人間であるのだということを人々にくっきりとした形で見せてくれるからです。それは大いなる「老い」の祝祭なのです。

葬儀はなぜ必要なのか?

一条　そして、人生における最大の儀式としての葬儀があります。

拙著『葬式は必要!』(双葉新書)をはじめ一連の著書にも書いたように、葬儀とは「物語の癒し」だと考えます。愛する人を亡くした人の心は不安定に揺れ動いています。大事な人間が消えていくことによって、これからの生活における不安。その人がいた場所がぽっかりあいてしまい、それをどうやって埋めたらよいのかといった不安。残された人は、このような不安を抱えて数日間を過ごさなければなりません。心が動揺していて矛盾を抱えているとき、この心に儀式のようなきちんとまとまったカタチを与えないと、人間の心はいつまでたっても不安や執着を抱えることになりますこれは非常に危険なことなのです。

鎌田　グリーフケアの装置としての役割ですね。

一条　はい。古今東西、人間はどんどん死んでいきます。この危険な時期を乗り越えるためには、動揺して不安を抱え込んでいる「こころ」にひとつの「かたち」を与えることが大事であり、ここに、葬儀の最大の意味があります。この「かたち」はどのようにできているのでしょうか。昔の仏式葬儀を見てもわかるように、死者がこの世から離れていくことをくっきりとした「ドラマ」にして見せることによって、動揺している人間の「こころ」に安定を与えるのです。ドラマによって「かたち」が与えられると、「こころ」はその「かたち」に収まっていき、どんな悲しいことでも乗り越えていけます。つまり、「物語」というものがあれば、人間の「こころ」はある程度、安定するものなのではないでしょうか。

鎌田　「物語」がグリーフケアで重視されるゆえんですね。

一条　逆にどんな物語にも収まらないような不安を抱えていると、「こころ」はいつもグラグラ揺れ動いて、愛する肉親の死をいつまでも引きずっていきます。死者が遠くへ離れていくことをどうやって演出するかということが、葬儀の重要なポイントです。それをドラマ化して、物語とするために葬儀というものはあるのだと思います。また葬儀には、いったん儀式の力で時間と空間を断ち切ってリセットし、もう一度、新しい時間と空間を創造して生きていくという意味もあります。葬儀には、グリーフケアの創造力があるのです。

もし、愛する人を亡くした人が葬儀をしなかったらどうなるか。

そのまま何食わぬ顔で次の日から生活しようとしても、喪失で歪んでしまった時間と空間を再創造することができず、「こころ」が悲鳴をあげてしまうのではないでしょうか。動揺や不安を抱え込んでいる「こころ」に「かたち」を与えることが大事であり、まさに儀式には、人を再生する力があるのです。

なぜ儀式を行なうか

一条　拙著『儀式論』（弘文堂）にも書いたのですが、神話と儀式には深い関係があります。そして、ともに文化や宗教、民族のアイデンティティを代表する存在でもあります。なぜ人類は、古代から神話と儀式を必要としてきたのでしょうか。

『セム族の宗教』（一八八九年）の著者として知られる聖書学者のウィリアム・ロバートソン・スミスは、神話とは儀式を説明するために作られたと主張しました。彼によれば、古代人が何らかの目的を持って儀式を始めたときには神話とは何ら関係がありませんでした。しかし時が過ぎると、儀式の元来の目的が忘れ去られてしまいます。そのときに、「なぜ儀式を行なうか」を説明するために神話を創り出し、それを祝うためという理由で儀式を行なうようになったというのです。

『金枝篇』を書いたジェームズ・フレイザーも、よく似た説を唱えました。古代人の信仰は人智が及ばぬ法則を信じることで始まりましたが、やがてそのような感情は失われてしまいました。そこで、人々は神話を創り出し、それまで行なっていた魔術的な儀式を、神を鎮める儀式にすりかえたというのです。しかし、儀式が先行し後に神話が作られたというフレイザーらの説を立証する証拠はほとんど見つかっていません。反対に、ネイティブ・アメリカンのゴースト・ダンスのように神話が先行して存在し、儀式は神話の補強として発達する例が多いようですね。現在では、神話と儀式の関係には普遍的な判断をつけないのが一般的ですね。そして、それぞれの民族ごとに判断すべきであるという意見で一致しているようです。

神話と儀礼の関係について、鎌田先生はどのようにお考えですか？

鎌田　神話は言葉で、儀礼は身体です。そして、言葉は身体から発せられますが、それはとても複雑な経路や過程を経て発信されます。だから、神話は実に高度な叡智の表現になります。

わたしがいつも例に引くのは、一九八八年に公開されたスタンリー・キューブリック監督の「二〇〇一年宇宙の旅」です。その最初のほぼ二〇分はまったくセリフのない「人類の夜明け」のシーン。もちろん、そこでは、人類となり、言葉を話していないので、キャッキャとかグワッグワとかの擬声語はありますが、霊長類の人ザルは言語を発しません。

そこへ「モノリス」が到来します。そのモノリス到来というモノリスインパクトによって、人ザルは思考し、新たな行動様式を持ち始めます。道具を用い、直立歩行し、草食から肉食や雑食へと向かいます。ここにまだ無いのは発話でした。
その最初の発話は、「モ・ノ・リ・ス」を指し示す発話であり、物語だったのではないかと想像します。そして、そのモノリス飛来の地に絶対モノリスを記念しかたどるモニュメントを造るはずです。そして、その前で礼拝したり、モノリス到来の神話的物語を語ったりするようになる。ナラティブの始まりです。そしてそこは聖地化されているので、聖地の始まりでもあります。いずれにせよ、神話と儀礼と聖地は、不可分の三位一体として連鎖協働しているというのがわたしの考えです。

一条　ありがとうございます。よく理解できました。

第5章
注目すべき人々との出会い

一条　いよいよ、この対談も最後の章になりました。

聖徳太子、吉田兼倶、本居宣長、平田篤胤、さらには柳田國男、折口信夫、南方熊楠についてもぜひお聞きしたいことばかりです。

最後は出口王仁三郎についてもお願いします。

聖徳太子は聖人の龍である！

一条　わたしは『世界の八大聖人』という著書の中で、八人の聖人を取り上げました。
彼らは人類史の中で大きな役割と足跡を残してきた人物です。
ブッダ、孔子、老子、ソクラテス、モーセ、イエス、ムハンマド、聖徳太子——
あらゆる宗教や思想の基盤を築き、多大な影響を与え続ける八大聖人です。
鎌田　スケールが大きいですね。
一条　生まれた時代も地域も違い、異なる文化を背負いながらも、彼らの教えは「人類を幸福にしたい」という点で根源を同じくしていると思います。

その中でも、わたしが深くリスペクトするのは孔子と宗教編集者としての聖徳太子です。

聖徳太子は、そのエピソードから実在しなかったという説もありますが。

鎌田　合体された偶像説というイメージがありますからね。

一条　馬小屋で生まれたのはイエスが重なりますし、天皇という「王」になっていない点はブッダに通じます。その性格や業績から、孔子や老子の面影もあります。

わたしは、さまざまな聖人のイメージが融合した聖徳太子から龍を連想しました。聖徳太子は龍のような存在であると思うのです。周知のとおり、龍とは想像上の融合動物です。龍の角はシカ、顔はラクダ、翼はワシ、爪はタカ、手の平はトラ、そして体はワニや蛇です。神聖なものとして崇拝される動物を「トーテム」と呼びますが、龍は多くのトーテムが合体した霊獣です。その龍は仏教にも儒教にも道教にも、そして日本の神道にまで受け容れられ、それぞれに龍信仰を生みました。龍というシンボルは幅広い適合性を持ち、異なる文明融合の橋渡しをしたのです。

そんな龍の姿はそのまま聖徳太子に重なってきます。多くのトーテムが合体した霊獣が龍であったように、多くの聖人たちが合体した霊的人間が聖徳太子なのではないでしょうか。しかも、聖徳太子は神道、仏教、儒教、道教のすべてを受け容れました。まさに、聖徳太子は聖人の龍そのものに思えます。

一方で、わたしは四大聖人が四大文明を背負って登場してきた歴史的背景にふれるにつれ、「聖人の正体とは水の精ではないか」というイメージが頭に棲みつきました。四大文明、すなわちメソポタミア文明、エジプト文明、インダス文明、中国文明は、いずれも乾燥と湿潤の間を流れる大河のほとりで誕生しています。「エジプトはナイルのたまもの」というヘロドトスの有名な言葉を世界史の教科書で知った人は多いと思いますが、大河がもたらす豊富な水なくして巨大文明の発生は絶対にありえませんでした。

言うまでもなく、水は生命の源です。地球表面の七〇％、人体もその六〇％は水でできているとされます。水は人類にとって最も貴重なものなのです。水が人間の体にとって不可欠なように、人間の心は聖人を必要とするように思います。正確には、聖人そのものというよりも「聖なるもの」ですね。神や仏やブラフマンといった超越的存在もその中に含まれます。しかし、神がそのまま神ならば、それはあくまで「神話」であり、生きている人間を寄せつけません。しかし、聖人という存在が神と人間との間に立つことによって、初めて「宗教」が生まれます。だから、文明の発生とともに宗教は生まれたのではないでしょうか。そして、龍も大河から生まれました。ともに大河から生まれた聖人と龍は水の精ではないでしょうか。聖人とは人間界の水の精であり、龍とは自然界の水の精なのだという気がします。

鎌田　わたしは聖徳太子が実在したかよりも、彼の功績に注目しています。とくに十七条の憲法冒頭に掲げられる「和をもって貴しとなす」は素晴らしいものです。

一条　聖徳太子の「憲法十七条」は本当に神道・儒教・仏教のバランスが取れていま す。日本人の「こころ」の三本柱に根差した幸福になるための法則のように思えました。ブッダが開いた仏教、孔子が開いた儒教、それに加えて、日本古来の信仰にもとづく神道の存在。それをプロデュースした人物こそ聖徳太子ですね。

鎌田　宗教編集者としての太子は、自然と人間の循環調停を神道に担わせ、儒教によって社会制度の調停をはかり、仏教によって人心の内的不安を解消しました。すなわち心の部分を仏教で、社会の部分を儒教で、自然の部分を神道が、それぞれ平和分担する「和」の宗教国家構想を聖徳太子は説きました。

吉田兼倶から本居宣長・平田篤胤へ

一条　時代はとんで、室町時代に神道家の吉田兼倶《かねとも》が、仏教は万法の花実、儒教は万法の枝葉、神道は万法の根本とする「根本枝葉果実説《こんぽんしようかじつせつ》」を唱えましたが、このルーツも聖徳太子ですね。

鎌田　そうですね。兼倶は著書『唯一神道名法要集』の中で、聖徳太子に仮託して「根本枝葉果実説」を紹介しています。兼倶は聖徳太子の祖父である欽明天皇の時代に日本へ入ってきた（と兼倶自身が説明する）儒教・仏教と、日本在来の思想である神道の間の調和について、聖徳太子の調和思想を借りながら神道を軸に説明しようとしたといえるでしょう。

兼倶のこうした意図をモデル化したものが、彼が提唱した「吉田神道（唯一神道）」であり、その信仰の中心となった吉田神社の大元宮でした。

聖徳太子の思想形態が「調和がとれるもの同士をとりまとめてひとまとめにする」ものだとすると、大元宮はまさにこれを建物というかたちをもってあらわしたもののひとつです。大元宮は伊勢の神宮の内宮・外宮や出雲大社をはじめ、三一三二座にのぼる全国の延喜式内社をひとつのお宮の中に一体化させるという驚くべきコンセプトに則った建物です。さらに驚くべきなのは、建築構造として内宮・外宮を合体させた上、仏塔や道教的なシンボルも設けて、神道と儒教・仏教のみならず道教までその思想に取り込んだことです。

こうした面からいえば、兼倶は神道を主体とした習合思想の提示を行なったのであり、聖徳太子から続く思想ラインとしても重要です。

一条　なるほど。唯一神道といえば、「隠幽教」という秘儀的な教えがあったことも興味深いですね。

鎌田　そこには、兼倶の出自が深く関わっています。というのも、兼倶の吉田家は卜部《うらべ》氏ですが、そのルーツは藤原氏と同じアメノコヤネノミコトにたどりつきます。やがて藤原氏と枝分かれした後、卜部氏は吉田流卜部氏と平野流卜部氏の系統にさらに分化します。兼倶はこの吉田流を汲んでおり、自家の伝承として吉田神道を語っています。その裏には、もしかしたら自家である吉田流卜部氏の権威付けという側面もあったかもしれません。

　ともあれ、注目すべきはその伝承が北斗七星に端を発しているなどといった道教的な思想がこめられており、日・月・星辰を神道のお手本にしなさいと述べていることです。ここから各自が教えを読み取っていけば、各家に伝わる神道や思想は矛盾するものではないし、それぞれを大事にすべきだと指摘しています。

一条　兼倶の後、中世末から近世にかけて吉田神道が神社界の一大潮流となったことに鑑みると、聖徳太子の宗教の編集作業が日本人に与えた影響はやはりはかりしれないものがあると見てよいでしょう。

　そしてその思想の潮流の中でやがて国学が登場するわけですが、国学といえば、この対談の中で再三にわたって名前が挙がった『古事記』が重要な存在です。じつは国学者の本居宣長が『古事記伝』を書くまでは、世間はおろか学者からもあまり顧みられていなかったそうですね。

鎌田　世は戦国時代から江戸、やっと世の中が平穏になってきた時代ですから、『古事記』をはじめ『日本書紀』も一般民衆には忘れられた存在でした。ただ先の『唯一神道名法要集』は『古事記』についても重要な書物として触れていますので、神道家にとっては重要であったことは想像できます。

一条　やはり一般に知られる契機として『古事記伝』は大きかったと。そうして『古事記』が日本の神話として日の目を見るようになったのですね。

鎌田　『古事記』の特徴は何といっても、日本的なスピリチュアリティ、日本的なキャラクター、文化の面白さです。それを本居宣長が指摘し称揚したことで、はじめて『古事記』の世界が前面に出てきました。

それから今日に至るまで、日本の心、日本文化の心を探るためには『古事記』がいちばん重要な書だという「本居見解」が、世の常識になっています。

一条　たしかにそうですね。

鎌田　しかし、「本居見解だけが常識だ」ということは疑わなければいけません。もともとは『日本書紀』の方が歴史書として重視されたわけですし、『古事記』も面白いけれども、『日本書紀』もそれはそれとしてたいへん面白いのですから。

一条　『日本書紀』の面白さは、わかりにくいですけどね。

鎌田　一つひとつの混乱させられるような部分も細かく分析し、考察して、大きく捉えて位置づけていかなければいけないのではないでしょうか。その役割がこれからの研究者には求められているといえるかもしれません。

一条　宣長の弟子であり、同時に語られることが多い平田篤胤《あつたね》も同様の『古事記』重視の見解だったのでしょうか。

鎌田　それが全く違います。宣長は原典主義で、『古事記』の世界観をある意味で絶対視していたわけです。

『古事記』は天皇家の伝承として天地初発以来、推古天皇にいたるまでの物語を描いています。この流れを宣長は大変重視したのですが、篤胤は『古事記』だけが真実だとは考えませんでした。『古事記』はもちろん、『日本書紀』『風土記』や「祝詞」に見える古史・古伝を一度バラバラに解体し、そこにある原型的なものを再構築すべきだとの立場をとったのです。篤胤のこの姿勢は、彼が手掛けた、様々な神話や伝承を集成し、そこから真の伝承を見出そうとした『古史成文』という書物でも明らかです。ここを見れば宣長と篤胤の違いが理解できるかと思いますし、ひとつの古代研究のあり方として今日でも意味があると思います。

そして篤胤のこの神話のとらえかた——様々な神話や伝承をとらえて精査し、その中から精髄といえる神話を考えて行くというのは、ある意味で兼倶に似ているといえます。

一条　たしかに。

鎌田　兼倶は仏教についても極めてよく研究していますが、篤胤はそれに加えて道教などについても研究を重ねています。彼は単に復古神道家ではなく、ある種の普遍思想の構築を目指したように見える所もあります。その意味では、篤胤は中世の人であった兼倶の近世版ということもできるでしょう。

一条　篤胤という人は、他にも言語学はもちろん、天文学にも通じ、独自の暦を作ったり、いち早く地動説を認めたと聞いています。篤胤をそこまで駆り立てた原動力というのはどこにあったのでしょうか。

鎌田　篤胤自身が妻、そして子供を亡くすという「グリーフ」を抱いていました。彼の秘密はそこにあるのではないかと感じます。篤胤を見ていると、わたしはある種の切り裂かれた切実な切迫感を感じ見て取ることがあります。それは悲しみを忘れるために研究に打ち込んでいたからではないでしょうか。

篤胤の博学多識ぶりは同時代において群を抜いていますが、その中でも、幽冥界に関する研究がその中心になったのはそういったところに起因するのではないでしょうか。たとえば心霊研究は篤胤の中心的な課題で、天狗にさらわれて仙界生活を送ったという寅吉少年の噂を耳にするやすぐに会いに行き、聞き書きを残したり、生まれ変わりを経験したという少年についての詳細な記録を書いたり、その入れ込みようは並々ならぬものでした。

一条　たしかに仙童寅吉について書かれた『仙境異聞』や、勝五郎少年の生まれ変わりについて書かれた『勝五郎再生記』といった篤胤の著書や彼の業績を見ていると、スピリチュアルな話題に強い関心を示していますね。

鎌田　異次元世界が存在し、そこと交信できること。その点は篤胤にとって極めて深刻かつ重要な問題だったわけです。

二宮尊徳の存在

一条　日本人の「こころ」の三本柱としての神道・儒教・仏教を考えた場合、江戸時代の思想家である二宮尊徳の存在も忘れることができません。尊徳といえば、戦前の国定教科書に勤勉・倹約・孝行・奉仕の模範として載せられ、全国の国民学校の校庭には薪を背負い、本を読む少年時代の銅像が作られました。ちなみに、わたしの書斎には、尊徳の銅像のミニチュアが鎮座しています。

尊徳は、「勤倹・分度・推譲」の思想を唱え、六〇〇以上の大名旗本の財政再建および農村の復興事業に携わりました。彼は同時代のヘーゲルにも比較しうる弁証法を駆使した哲学者であり、ドラッカーの先達的な経営学者でもありました。そう、二宮尊徳は日本が世界に誇りうる大思想家だったのです。

その尊徳は、石田梅岩が開いた「心学」の流れを受け継ぎました。心学の特徴は、神道・儒教・仏教を等しく「こころ」の教えとしていることです。日本には土着の先祖崇拝に基づく神道がありました。中国で孔子が開いた儒教、インドでブッダが開いた仏教も日本に入ってきました。しかし心学では、この三つの教えのどれにも偏せず、自分の「心を磨く」ということを重要視したのです。

尊徳の代表作である『二宮翁夜話』第二三一条には、以下の言葉があります。

「神道は開国の道なり。
儒教は治国の道なり。
仏教は治心の道なり。
ゆえに予は高尚を尊ばず卑近を厭わず、この三道の正味のみを取れり。
正味とは人界に切用なるをいう。

切用なるを取りて切用ならぬを捨てて、人界無上の教えを立つ、これを報徳教という。戯れに名付けて神儒仏正味一粒丸という。その効用の広大なることあえて数うべからず」

尊徳の言葉の意味は、以下の通りです。

「神道は開国の道、儒教は治国の道、仏教は治心の道である。わたしはいたずらに高尚を尊重せず、また卑近になることを嫌わずに、この三道の正味だけを取ったのである。正味とは人間界に大事なことを言う。大事なことを取り、大事でないことを捨て、人間界で他にはない最高の教えを立てた。これを『報徳教』という。遊び心から『神儒仏正味一粒丸』という名前をつけてみた。その効用は広大で数えきることができないほどである」

尊徳は、常に「人道」のみならず「天道」を意識し、大いなる「太陽の徳」を説きました。それは大慈大悲の万物を慈しむ心であり、尊徳の「無利息貸付の法」も、この徳の実践なのです。その尊徳の心の中心にあった「天道」の名を冠した当社の研修施設が北九州市小倉の「天道館」です。この天道館を拠点として、「天下布礼」

を進めていきたいです。

鎌田　じつは、二〇一八年八月二十七日に京都田辺の学園都市にある公益財団法人国際高等研究所で行なわれた高校生たちの夏合宿セミナーで二宮尊徳について講義をしたのですが、その講義録がつい最近テキストになりました。『「二宮尊徳」に学ぶ～災害多発時代を生き抜く知恵と力～―自《おのずか》ら（天道）と自《みずか》ら（人道）の交響』（IIAS塾「ジュニアセミナー」TEXT VOL・41．未来に向かう人類の英知を探る―時代の裂け目の中で、人々は何に希望を見出してきたか―政治・経済分野）というタイトルで。

高校生にできるだけ、分かりやすく伝えるために、全体を四章に分けました。第一章は「二宮尊徳の事跡を辿る」で、リードとして、二宮尊徳は「災害の子」と掲げ、その事跡のポイントを先取りして示しました。続く第二章は「二宮尊徳の時代における世界と日本」で、その当時の世界と日本の大きな動きとうねりの中に二宮尊徳の行動と思想性を位置付けました。そして、第三章は「二宮尊徳の生涯とその年譜」、第四章が「二宮尊徳の思想 ― 基本理念と体系」で、本論のパートになります。そこでは、彼の生涯と報徳仕法の芽生えと実践、また基本理念と体系を示しました。
それを一言で言えば、「おのずから」と「みずから」という二つの「自」になります。これを『古事記』の言葉で言い直すと、「おのずから＝天道」は「むすび」、「みずから＝人道」は「修理固成」となります。「修理固成」は「人道」ですから、それは尊徳の説く四大倫理「至誠・勤労・分度・推譲」ともあり、この両方の相互作用なくしては持続可能な循環やリサイクル、尊徳の言葉では「輪廻」は生まれないということになります。

志を持ってまことを尽し（至誠）、心を込めてアクションをし（勤労）、自分自身の等身大のサイズを現状認識して在るべきサイズに修理固成し（分度）、いのちあるものみんなと分かち合い、シェアーし、リレーし合う（推譲）。このようにすることで、「世直し」ができる。むすびの自ずからを、修理固成の自らに再帰環入させて、一大世界交響楽を奏でていく。これが、二宮尊徳が示した「報徳仕法」の実践道ですね。

こうして、二宮尊徳は、その観察と『論語』や『大学』などの集中的な読み込みから、天地人の大循環である「輪廻」を洞察していきます。天明の大飢饉から天保の大飢饉までを生きた尊徳の中に、わたしはこれからの災害多発時代の生き方のモデルとメッセージを見ます。

その点では、一条さんとまったく同意見です。彼の「神儒仏＝開国・治国・治心」論も見事な洞察であり、万人に届く「開心」の魅力的なフレーズですね。

柳田國男と折口信夫

一条　日本民俗学における二大巨人である、柳田國男と折口信夫についてはいかがですか？

個人的には、柳田國男と本居宣長、平田篤胤と折口信夫が、それぞれオーバーラップするような印象があります。ですがその一方で、妖怪研究という側面から見ると柳田國男は篤胤の後継者として見られることが多いようですが。

鎌田　個人のキャラクター――人格としてみたとき、やはり柳田國男と本居宣長というのは一つの道の大本を創った人物として、ある種の完成された英知としての印象が生じます。その意味において、この二人に似通ったイメージを抱くというのはよく理解できます。

その一方で、『古事記』原典主義である宣長や民俗学の保守本流というべき柳田國男に対して、幽冥界研究を通じて天皇家に伝わる伝承のみならずスサノヲやオオクニヌシなど出雲に残る系譜――これは歌うマレビトの系譜にもなるわけですが――を研究した篤胤、また、それと直結する折口信夫とは、家の中で疎まれたという生い立ちも含めて似ているという印象は受けますね。

一条　なるほど。そうしてみると、柳田國男も折口信夫も、同じように篤胤の影を背負っていたといえるかもしれませんね。

鎌田　柳田は父親が平田派の弟子だったといわれていますし、妖怪研究において柳田は篤胤に言及していますので、その点は間違いないと思います。

南方熊楠と宮沢賢治

一条　鎌田先生の処女作は『神界のフィールドワーク──霊学と民俗学の生成』（創林社、のちに青土社、ちくま文庫）という最高にエキサイティングな本でした。最澄、空海、本居宣長、平田篤胤、柳田國男、折口信夫、南方熊楠、宮沢賢治といった日本思想史のキーパーソンの死生観を追い、日本人の魂の原郷を求めた素晴らしい内容だと思いました。非常に平易な表現でリーダブルでありながら、『世直しの思想』や『世阿弥』などで鎌田先生の訴えたメッセージもきちんと込められています。わたしの大好きな南方熊楠と宮沢賢治が登場するのも嬉しかったです。

鎌田　日本において、最初期に「エコロジー」という言葉を使ったのは南方熊楠といわれています。熊楠は明治の末頃、当時の政府が主導した複数の神社を一つに合併させようとする神社合祀令への反対運動を行ったことでも知られます。合祀により多くの鎮守の森が失われることを不安視したためで、これは、まさにディープエコロジー的な観点だといえるでしょう。

四次元意識あるいは銀河系意識ともいえる中で、人間の命はどうなっているのかを捉えようとした宮沢賢治も、間違いなくコズミックディープエコロジストだといえます。

一条　このような大きな視点に加え、さらに「死者の思い」まで含めて考えるのが、日本人の思考だと思います。霊的な世界、魂の世界、スピリチュアルな領域も含めて、わたしたちの世界は成り立っている。そういう捉え方をしてこそ、日本人にとっての本当のコズミックディープエコロジーになるような気がします。

鎌田　ディープエコロジカルに巨視的に捉えると同時に、わたし自身にとって生と死とは何かという、自分史的なミクロの視点でも見ていく。「死」は「史」であり「詩」です。そして、死を考えるとは、同時に生の本質を考えることでもある――。

このような、さまざまな視点が交差し、明滅するポイントに、自分自身にとっての一つの答えが見えてくるのかもしれません。仮に明確な答えが見出せなかったとしても、最後は一つの賭けです。自らを投企し、あるいはお任せし、見えないところに投げ込んでいかなければなりません。覚悟があろうとなかろうと。最後の最期で、「ありがとう」といって、この世からあの世に渡っていきたいものです。

一条　鎌田先生の死生観には、尊敬の念しかありません。わたしは、大いに共感するとともに感動しています。「死」は「史」であり「詩」であると言われましたが、わたしはこれに「志」を加えたいですね。

鎌田　ああ、なるほど。いつごろからか、自分の一番やりたいことは「世直し」であると公言するようになりました。たぶん元号が「平成」になった頃からでしょう。「平成」の典拠は『書経』の「地平天成」あるいは『史記』の「内平外成」などと言われています。しかし、「平成」という時代は、その典拠の趣意から大きく外れていきます。「地平天成」「内平外成」どころか「地動天乱」「内動外乱」の大動乱の時代になり、「閉世・兵制」になっていきましたね。

死んだらどこへ行くのか

一条　今回の対談にあたって、鎌田先生の『日本人は死んだらどこへ行くのか』（ＰＨＰ新書）を再読させていただきました。

鎌田　わたしたちは死んだらどこへ行くのか——。これは誰もが必ず直面する問いでしょう。この問いは、大いなる不安を伴うものであり、ときに絶望ですらあり、さらに深い孤独を感じさせるものです。

ほとんどの宗教が「死後」の問題を中心に据えているのも、それが理由です。たしかに、「死んだらどこへ行くのか」についての固い信念があれば、「安心」を手にすることができると思いますかもしれません。

一条　知らないことへの恐怖ですね。

鎌田　はい。その信念を持つことは現代日本人の多くにとって、そう容易なことではありません。現代に生きる日本人として、自分自身にとっての答えを見つけるために、古来、日本人が死についてどのように考えてきたかを知ることから始めてみることが大切です。
一条　まさに現代日本人が最も持つべきもの、それが死生観なのだと思います。
わたしは、つねづね「死生観は究極の教養である」と言っています。『日本人は死んだらどこへ行くのか』は、まさに究極の教養としての「死生観」を持つための最良のテキストです。本書の最終章で取り上げていただいた、宮沢賢治、柳田國男、折口信夫、本居宣長、平田篤胤らの議論から三島由紀夫、遠藤周作、新海誠まで、日本神話、怨霊思想、和歌の生命力、アニミズム的発想、自分史的観点までをふまえつつ、「死」と「日本人」の関係を結び直し、現代の「安心」を求める意欲作だと感じました。
鎌田　ありがとうございます。
一条　神道の世界におけるこれらの重要人物たちがお互いに絡み合って、じつに興味深いエピソードもたくさん拝聴できました。本日はありがとうございました。
鎌田　こちらこそ、ありがとうございました。まさに魂の義兄弟との語り合いの時間は、わたしにとっても至高の時間になりました。
一条　いずれ鎌田先生も、本日登場した方々同様、後世まで語り継がれる方であることを確信しました。

あとがき　鎌田東二は、鳥の目と蟻の目で森羅万象を見通す。

対談前夜となる二〇二三年三月七日の夜は満月だった。

この夜、ムーンサルトレターの第二一六信がUPされた。二〇〇五年一〇月一八日の夜にわたしが第一信を投稿して以来、「バク転神道ソングライター」こと鎌田東二先生と交感、交遊、交心を続けてきた満月の文通はすでに一八年目に入っていた。そして、満月の夜が明けた八日、鎌田先生が小倉の松柏園ホテルにお越しになり、わたしたちは「神道と日本人」をテーマに対談したのである。

これまでにも鎌田先生とは何度も対談などで御一緒してきたが、最初は、わたしの対談集『魂をデザインする』（国書刊行会）に収録されている一九九〇年一一月であった。そのときに初めて鎌田先生にお会いしたので、わたしたちの親交も三三年になる。わたしたちは大いに意気投合し、のちに義兄弟の契りを結んだ。今回の対談は、三分の一世紀を共に生きてきたわたしたち魂の義兄弟の一つの総決算となった。

わたしたち義兄弟は「明るい世直し」を目指しているが、鎌田先生の膨大な著書の中に『世直しの思想』（春秋社、二〇一六年）という名著がある。そこで、鎌田先生は「世直し」の思想家にして実践家としての二宮尊徳を高く評価し、「二宮尊徳はキャッチフレーズの名人であるが、ここでも神儒仏三教の立場と意味と特色を一言で言い切り、比較している。神道は『開国の道』、儒教は『治国の道』、仏教は『治心の道』という言い方で。この言い方は直截かつ言い得て妙で見事である。しかもその神儒仏総合論を誰にもわかるように、『神儒仏正味一粒丸』とか『三味一粒丸』とかと名付けて、それを服用したらどれほどの難病でもよくなるとか、噛んで含めるようにわかりやすく説明し、効用を説いた」と書かれている。

この「キャッチフレーズの名人」という言葉を、わたしは鎌田先生にこそ贈りたい。先生は本書の第一章にも紹介されているが、「神は在るモノ／仏は成る者」「神は来るモノ／仏は往く者」「神は立つモノ／仏は座る者」など、秀逸なコピーセンスの持ち主で、いつも感服している。

そのようなPOPな「知の巨人」である鎌田先生の肩書は「宗教哲学者・民俗学者」となっている。宗教学とは個別の宗教現象などを研究する経験主義の科学という性格を持っているが、宗教哲学は対象そのものを捉えて、その本質を探り、抽象的な思考をするもの。「宇宙とは何か」『心とは何か』『鬼とは何か』といったテーマにも取り組む。それは、数学と天文学をミックスしたような抽象的な学問なのである。

一方の民俗学だが、特定の地域の祭りであるとか習俗であるとか、徹底してローカルなテーマを扱う。この「蟻の目」ともいうべき緻密な現場主義が民俗学にはある。鎌田先生は、「宗教哲学はマックスであり、民俗学はミニマムであり、わたしは両方を求めたい」と述べられた。わたしは、これはまったく経営にも通じる考えだと思う。経営には「理念」と「現場」の両方が必要だからである。「理念」だけでは地に足がつかないし、「現場」だけでは前に進めない。マックスとミニマム、鳥の目と虫の目、理想と現実……鎌田先生が学問で追究していることは、すべて経営者としてのわたしの課題でもあったのだ。その意味で、わたしは「経営も学問である！」と悟った。けっして経営学のことではない。経営という行為そのものが学問なのである。

鎌田先生は現在、ステージ4のがん患者である。ご病気のことはご本人から知らされていた。がんと無縁に思える先生の生き方をよく知っていたので非常に驚いたが、その後も日本全国を飛び回る精力的な活動を続けておられ、勇気を与えられている。

二日にわたる対談は、じつに多様なテーマで自由自在、縦横無尽に思考を巡らせ、言葉を紡いできた。対談しているうちに、「はるか昔にも、わたしたちは語り合ったことがある。それも何世代にも渡って……」という不思議な既視感をおぼえた。わたしたちが「魂の義兄弟」なら、その縁は過去からずっと何度かの転生を経て続いてきたものかもしれない。そして、それは未来へも続いていくのだと信じている。

いにしへの記憶とともに語り合ふ

神話と儀礼　未来への道

一条真也

●著者プロフィール

鎌田東二（かまた・とうじ）

1951年徳島県阿南市桑野町生れ。國學院大學文学部哲学科卒業。同大学大学院博士課程単位取得中途退学。岡山大学大学院医歯学総合研究科社会環境生命科学専攻博士課程単位中途退学。宗教哲学・民俗学・比較文明学・ケア学専攻。博士（文学・筑波大学）。京都大学名誉教授。天理大学客員教授。NPO法人東京自由大学名誉理事長。一般社団法人日本臨床宗教師会会長。京都伝統文化の森推進協議会会長。石笛・横笛・法螺貝奏者。神道ソングライター。ガン遊詩人。

おもな著作に、『神界のフィールドワーク』『翁童論』四部作、『宗教と霊性』『呪殺・魔境論』『神と仏の出逢う国』『現代神道論』『世直しの思想』『世阿弥』『言霊の思想』『南方熊楠と宮沢賢治』『ケアの時代「負の感情」とのつき合い方』、『身心変容と医療 / 表現』、『悲嘆とケアの神話論―須佐之男命と大国主』、詩集『常世の時軸』『夢通分娩』『狂天慟地』『絶体絶命』『開』『いのちの帰趨』、CD『この星の光に魅かれて』『なんまいだー節』『絶体絶命』など。

一条真也（いちじょう・しんや）

1963年、福岡県生まれ。早稲田大学政経学部卒業。作家。

（株）サンレー代表取締役社長。九州国際大学客員教授。

一般財団法人　冠婚葬祭文化振興財団副理事長。

冠婚葬祭およびグリーフケアにおける研究・実践の第一人者。

2012年、第2回「孔子文化賞」を故 稲盛和夫氏と同時受賞。

万巻の書を読み、博覧強記の「読書の達人」として知られる。また、映画通としても知られ、自身も4本の映画に出演している。著書は、『心ゆたかな社会』『心ゆたかな読書』『心ゆたかな映画』（いずれも現代書林）など110冊を超える。

■一条真也オフィシャルサイト
https://heartful-moon.com/
■一条真也の読書館
http://www.ichijyo-bookreview.com/
■一条真也の映画館
http://ichijyo-cinema.com/

古事記《こじき》と冠婚葬祭《かんこんそうさい》

2023年11月25日　初版1刷
著　　者　鎌田東二
　　　　　一条真也
発 行 者　松島一樹
発 行 所　現代書林
〒162-0053　東京都新宿区原町3-61　桂ビル
TEL／代表　03（3205）8384
http://www.gendaishorin.co.jp/
デ ザ イ ン　神長文夫＋松岡昌代
本文DTP　渡邉志保
編 集 協 力　㈱アルファーテクノ
印刷・製本　株式会社ルナテック

ISBN978-4-7745-1999-9　C0095